Jorge Patterson y Anita de Thiessen

¡Que venga el amanecer!

Una experiencia única de ficción educativa; expone de modo práctico las tareas vitales del trabajo pastoral y misionero

¡Que venga el amanecer!
Una experiencia única de ficción educativa
por Jorge Patterson y Anita de Thiessen
Ilustrado por Jeff Rollins

© Jorge Patterson 2017
ISBN 978-0-9986111-0-5

Asteroidea Books
2322 N. Hummingbird Lane
Fayetteville, AR 72703 USA
www.AsteroideaBooks.com

Contenido

1. Afilar la hoja para cosechar 1
2. Perseverar cuando pique la vieja serpiente 13
3. Multiplicar iglesias hogareñas donde convengan 19
4. Resistir a los diablos que lleguen montados en dólares 27
5. Perseverar cuando el viejo dragón nos persiga 38
6. Resistir al diablo cuando se meta en los hogares 46
7. Recibir coraje de Dios en tiempos difíciles 51
8. Dejar que el sufrimiento le conforme a la imagen de Cristo 57
9. Practicar la adoración genuina y no la diversión religiosa 67
10. Laborar en obediencia a la única Cabeza de la iglesia 77
11. Hacer Primero lo que Manda Cristo 87
12. Apagar Odio Encendido por el Infierno 103
13. Amparar a los Sufridos 113
14. Desechar las mañas concebidas en tinieblas 121
15. Hacer discípulos a razas y las gentes descuidadas 129
16. Delegar a aprendices cargas serias hacer con la gente 142
17. Combatir las drogas ilícitas y el ocultismo 162
18. Amarse los unos a los otros a pesar de las diferencias 185

Dedicación

Se dedica a la memoria del Profesor Fabio Gutiérrez. Murió macheteado por su fe en Jesucristo después de bautizarse, en Barranco, Yoro, Honduras.

Introducción

¡Que venga el Amanecer! traza las aventuras y peligros de una pareja que Dios usó para transformar a una congregación estancada, y multiplicar iglesias como en el Nuevo Testamento y en los muchos movimientos grandes actuales.

Los autores Jorge Patterson e hija Anita de Thiessen han aconsejado a muchos líderes que han iniciado movimientos de nuevas iglesias en que miles han seguido a Jesucristo, en Latinoamérica y otros países. Jorge compuso «Capacitar y Multiplicar», traducido desde el español a más de sesenta idiomas. Anita ha y su esposo Roberto han trabajado por más de treinta años con indígenas, combinando los trabajos de desarrollo de los más pobres, la plantación de iglesias y el mentoreo de líderes cristianos.

Casi todos los sucesos de la novela se basan en eventos auténticos. Sucedieron precisamente como se recuentan los encuentros con «El Chorcho» Ricardo Solórzano el asesino más buscado por el gobierno de Honduras.

«La ficción educativa del Dr. Jorge Patterson es tan realista que sangraron las frases que subrayé» Dr. Ken Mulholland

1

Afilar la hoja para cosechar

Atender cuando Dios hable por medio de desastres

El día empezó bien, pero en un instante se volvió en pesadilla.

Me había madrugado para llevar el ganado al mercado, y abracé a mi esposa.

–Por fin, Luz. Ganaremos suficiente para trasladarnos desde estas montañas tan tristes adonde hay gente y vida urbana.

–Todos estamos preparados para viajar. ¡Ay! ¡Jaime! ¿Qué es ese retumbo?

Se sacudía la tierra, y se caían las tejas. Corrimos afuera, llevando a nuestros hijos. Había sufrido un golpe severo nuestra hija recién nacida; y en unos minutos murió en mis brazos. Los temblores cesaron, pero entonces escuché otro estruendo. Nuestro rancho se ubicaba en la falda de una montaña, y el lado de ella se estaba desmigajando. Habíamos acorralado el ganado en una angostura al pie de la montaña, preparado para llevar al mercado. Los vaqueros huyeron, y unas rocas enormes cayeron sobre el ganado. En un instante perdimos el ganado, los caballos, la casa, y a nuestra preciosa hija. Lamenté a gritos:

– ¡Misericordia, Señor! –Por primera vez yo sentía el temor de Dios.

Quedó inútil el rancho, y yo había descuidado comprar seguro. Después del triste entierro, Luz, nuestros hijos chiquitos Carlitos y Lucas, y yo fuimos obligados a caminar a Los Murciélagos, el pueblo más cercano, con las valijas en las manos. Se cansó luego Carlitos, el más pequeño, y yo lo llevé en los hombros. Brillaba el sol, pero yo sentía que caminaba en una gran oscuridad.

En Los Murciélagos, me empleó Simón Álvarez para vigilar su residencia lujosa de noche. La primera noche, me acompañaban los murciélagos; esos amantes de tinieblas abundaban en el pequeño pueblo minero de Los Murciélagos; el nombre oficial del pueblo era San Muñoz, pero sólo lo mencionaba Padre Camacho. Hacía mis rondas cuando empezó mi perro a gruñir.

–Silencio, Faraón. Es tranquila la noche. Sientes los murciélagos, nada más.

¡Que Venga el Amanecer!

Faraón sequía gruñendo, y escuché vidrio quebrarse. Servía de tienda el primer piso de la gran casa; se vendía equipo para mineros y ganaderos. Desenvainé la pistola y corrí para investigar. Escuché removerse la tranca de la puerta, y esperaba entre sombras. Un hombre salió abrazando rifles; no lo vi bien en la oscuridad. Le hablé:

–Hola, amigo. Pon los rifles en el suelo, y manos arriba.

Prendí foco, pero antes de ver bien al ladrón, disparó con pistola; pegó con ladrillo y los pedacitos me cegaron. Mi perro lo atacó; cayeron los rifles y escuché un golpe. Me recuperé la vista; Faraón se levantaba, su cabeza sangrando. Escuché una voz áspera desde arriba.

– ¿Jaime? ¿Qué pasa, Jaime?

La luna lucía en un balcón a mi patrón Simón Álvarez y su esposa Ávila. Usaba gancho Simón, en lugar de la mano izquierda, que se le había perdido en una pelea.

–Se llevaba los rifles un ratero, patrón. Siga hablando como si yo estuviera aquí. Lo atraparé.

El ladrón cruzaba vadeando el Río Bravo que fluía tras la casa. Se resbaló, y los rifles cayeron; maldijo las piedras lisas. Yo me acercaba cuando Ávila chilló:

– ¡Tirotéalo, Jaime! ¡Mátelo antes de que se escape! ¡Mátelo!

El hombre botó los rifles, y huyó.

– ¡Mátelo, Vigilante! ¡Mátelo!

En el fondo se escuchaba el chillido de un loro:

– ¡Cállese necio!

Afilar la hoja para cosechar

La voz sonaba igual a la de su ama Ávila.

Temblaban mis manos, y me costó enfundar la pistola. Recogí los rifles que habían caído en el agua, y los sequé. Volví a hacer mis rondas, y cada vez yo miraba hacia el oriente, esperando ver las primeras luces de la aurora, pero el cielo quedaba tenebroso. La luna iluminaba las torres gemelas de la Iglesia de San Muñoz al otro lado de la plaza central; me paré para mirar, y me pregunté:

– ¿Por qué erigieron tan altas esas torres los españoles? ¿Querían trepar al cielo por medio de tales obras de piedad?

Faraón meneó la cola y roncó. Luché contra el sueño, y supliqué al cielo:

– ¡Qué venga el amanecer!

Recibir a Jesucristo el corazón, no sólo en la mente

Los primeros rayos del sol lucían la cara rocosa de Monte Platal al norte; fruncía el ceño sobre el pueblito ubicado en su falda. ¿Cuál era el secreto que guardaba esa cara tan siniestra? Terminó mi vigilia, y entré en la plaza.

–Bienvenido a Los Murciélagos, caballero –Se me acercó un señor con bigote grande–. Mi nombre es Plácido Díaz. Es mía la barbería ahí en esa esquina.

Llegó también mi patrón, y le preguntó el barbero:

– ¿Para qué emplea a este pistolero, Simón? El pueblo está tranquilo.

Simón meneaba el gancho como martillo, clavando cada frase:

– ¡No, Pacho! Hay pandillas comunistas que andan robando. Anteanoche alguien mató al capataz de mi hacienda, le digo. Quiso matarme a mí, pero se equivocó en la oscuridad. Anoche Jaime evitó que un ladrón me robara mis rifles.

Corregí al barbero:

–Me llamaste «pistolero», Pacho. Pero no lo soy. Es que me faltaba empleo. Yo era ganadero, pero me destruyó el rancho y todo mi ganado el terremoto, y también mató a mi hija. Quedó deprimida mi esposa Luz; voy ahora a la pensión para consolarla.

– ¡Ay, esa pensión no, hombre! –exclamó el barbero–. Está sucia y se meten los borrachos. Quédense en mi casa, hasta que halles morada.

–Mil gracias, Sr. Días.

¡Que Venga el Amanecer!

Ana, esposa de Pacho Días el barbero, tenía el cabello blanco, y nos recibió con una sonrisa amplia. Los vecinos le llamaban «Abuelita», a pesar de que ella no tenía nietos. Por casualidad escuché a su hijo Julito comentar a Lentes, su hermano mayor, acerca de mi esposa Luz:

–Es demasiado bella esa muchacha. ¡Ojos brillantes y penetrantes, cabello largo y perfectamente negro! ¡Qué mamacita! ¿No te has fijado, Lentes?

– ¡Necio! Es casada y madre de dos hijos ella. Dices tales tonterías porque no conoces a Jesucristo.

–Y tú no te has fijado, porque son demasiado gruesos los cristales de tus anteojos. Desde graduarte de la universidad sólo lees esos libros pesados.

Cada mañana los Días leían la Biblia y oraban, y Luz le preguntó a Ana:

– ¿Son religiosos ustedes, Abuelita?

–No somos religiosos, pero sí, somos evangélicos. Jesucristo nos ha cambiado las vidas por completo, menos la de mi hijo Julito. Aun no se arrepiente.

–Explícame el evangelio, Abuelita Ana.

– ¿Qué sabes tú acerca de Jesucristo, Luz?

–Que murió en una cruz.

– ¿Sabes por qué?

–Dicen que tenía que ver con los pecados.

– ¿Y permaneció muerto Jesucristo?

– ¿No es que se resucitó?

–Sí. Murió para perdonar los pecados, y resucitó para dar vida a los que creen en él. Él vive y está presente con nosotros ahora, aquí en este cuarto.

Tenía interés Luz, pero yo resistía. Me contentaban mis vicios, y no deseaba dejarlos. Le pregunté a Pacho:

– ¿Por qué llaman a tu esposa Ana Abuelita? Nietos no tiene.

–Sí, pero ella alienta a los que están sufriendo como si fuera abuela.

Yo quería escapar de ese ambiente tan sagrado. Sentía remordimientos de consciencia por mi vida tan profana, y a Luz le descubrí mi desazón:

–No me conviene quedar más en esta casa. Nos trasladaremos otra vez al campo.

Afilar la hoja para cosechar

—¡No, Jaime! ¡Por favor! Yo me hallo en este pueblo; Dios nos ha dado amistades preciosas. Abuelita es tan simpática, y nos trata con compasión. Por ella me recuperé de la depresión. Aquí oran y leen la Biblia todos los días. Vive en sus corazones Jesucristo. Todos confían en su perdón, menos Julito. ¿No debemos recibir a Jesucristo también, Jaime?

—He dado mi devoción a la Virgen bendita, igual que mis padres.

—Abuelita cree que la Virgen María prefiere que adoremos a su Hijo.

Me atormentaba el alma una batalla feroz. Pasé días miserables luchando contra Dios, y a la vez contra el diablo. Me dificultaba dormir de día, y me despertaba un sueño aterrador; revivía el terremoto, el deslizamiento, y el cuerpecito sin vida en mis brazos. Me rendí; Luz y yo recibimos a Jesucristo en nuestros corazones. Pacho nos llevó a conocer al Lic. Arturo Gómez, un abogado que también pastoreaba la pequeña iglesia evangélica. Nos bautizó, y el Espíritu Santo nos aseguró del perdón de Dios.

Testifiqué de nuestra nueva fe a los vecinos, y recibieron a Jesucristo algunos. Me felicitó Abuelita:

—Dios te ha ungido para evangelizar a este pueblito tan oscurecido.

Declaré a Luz:

—Ciertamente es la voluntad de Dios que residamos en este pueblo. Dios me ha dado un don para testificar a la gente. Lo voy a usar aquí. Los Murciélagos es precisamente donde Dios quiere que lo sirvamos.

Evitar los desvíos que Satanás nos ofrece

Después de patrullar toda la noche, llegó a la caseta del vigilante mi patrón.

—Usted era ganadero, Jaime. Yo lo soy también, pero me ocupa el tiempo mi nueva mina en Monte Platal. Me falta un capataz que supervise a los vaqueros. Le ofrezco el puesto, Jaime. Queda lejos el rancho, pero el sueldo será cinco veces más.

—Voy a pensarlo, don, y platicarlo con mi esposa Luz.

—Dígale que se gozará de una casa grande y moderna que yo había ocupado.

Caminé hacia La Zanja, un barrio marginado, que no tenía luz ni agua. Chiquillo Rivera nos había alquilado una casa humilde frente a la suya; tenía una cerca, para que los animales no se metieran, y un portón ancho. Chiquillo se había criado en la misma aldea que Luz, y de niños fueron amigos. Lo encontré

¡Que Venga el Amanecer!

en nuestro callejón, montado en una mula de orejas mochas. Iba despacio ella bajo el enorme peso de mi vecino corpulento. Él gritó:

– ¡Aleluya! ¡Gloria al Santísimo!

Un vecino empezó a imitar sus palabras en burla, mientras Chiquillo me informaba:

–Contraté con Simón Álvarez para dinamitar la roca en la mina. Él tuvo que despedir al infame Chuz Ochoa que antes lo hacía; le robaba cajas de dinamita ese pícaro.

Luz oyó los gritos y salió, y yo le anuncié:

–Simón Álvarez me ofreció el puesto de capataz de su gran hacienda. Ganaré cinco veces más. Queda lejos, pero tendremos una casa moderna, Luz.

– ¡Jaime! Estabas seguro ayer que era la voluntad de Dios quedarnos aquí. Lo declaraste con certeza. ¿Lo olvidó Dios? ¡O quizá se confundió del lugar!

A Chiquillo le pregunté:

– ¿Será la voluntad de Dios aceptar ese empleo tan lucrativo?

–Escucharé la voz celeste, hermano Jaime.

Cerró los ojos; luego se inclinó hacia mí en la montura:

–Acéptalo, Jaime. Oí la voz del cielo. ¡Aleluya!

Espoleó la mula que iba trotando calle arriba hacia la mina. Pero Luz se quejó:

– ¡Mentiras! No oyó ninguna voz del cielo ese Chiquillo. Cuando era niño, llegó a nuestra aldea un predicador gritón, y Chiquillo lo imitaba. Decían que era un niño prodigio, y lo llevaban a las iglesias para predicar. Su nombre era Ezequiel pero la gente le decía Ziquillo hasta que empezó a engordar... Le cambiaron el sobrenombre a Chiquillo, y dejaron de hacerle caso.

Afilar la hoja para cosechar

—Él tenía razón, Luz. Ya lo he pensado. Dios me ha brindado lo que Simón me ofrece, y ganaré bastante. La mitad de lo que gane invertiré en el mercado de valores, y me rendirán una fortuna las acciones. Seremos ricos, y viajaremos en transatlánticos lujosos, y cenaremos en los restaurantes más elegantes de Paris, y observaremos a los famosos matadores en Madrid, y...

– ¡Ay! Bájate de la luna.

—Escucharemos la ópera en Roma. Usarás vestidos elegantes y tendrás collares de diamantes.

– ¡Ay no! ¡El diablo te ha envenenado con su flecha ardiente de avaricia!

—No me persuades con esas lágrimas, mujer. ¡A diablos tú buscas dondequiera!

Cooperar todos los fieles en las actividades vitales de iglesia

Caminábamos al culto con los dos hijos; no me hablara Luz. Lucas corría adelante con el perro Faraón, explorando el bosque al lado del camino. Llegamos a una capilla rústica entre pinos altos al pie del Monte Platal. El Lic. Arturo Gómez llegó en moto con su esposa Olga atrás, y una valija grande. Luz le informó a Olga:

—Hermana, este loco de Jaime va a llevarnos a un campo lejos de aquí.

– ¡Jaime, no! ¡Quédense! ¡Ayúdenos a alcanzar a este pueblo para Cristo! ¡Por amor de Dios! Me crie en Los Murciélagos, pero al regresar de la Universidad en la capital, mis amigos se habían trasladado a las ciudades, y aprecio mucho la amistad de ustedes ¡Oh, Luz!

—Ya ve– me dio un codazo Luz. –Eres un hombre cruel y avaro.

—Pastoreaba esta iglesia mi papá finado –nos contó Olga–. Él era dueño de la mina abandonada allí por el rio, en la falda de la montaña. Él construyó esta capilla en el terreno donde pastaba las mulas.

¡Que Venga el Amanecer!

Entramos, y nos observaban con curiosidad. Nos sentamos en un banco que se doblaba. Se sentó a mi lado Chiquillo, y se doblaba más el banco. Me contó:

—Soy Anciano y Tesorero de esta congregación, Jaime.

Cantamos, y me dolía el oído el aullido estridente de Ávila de Álvarez. Chiquillo me susurró:

—Esa mujer de Simón se educó en un conservatorio para cantar en ópera, pero no lo logró. Para vengarse, ella nos inflige esa voz tan aguda.

—Hoy no predico —anunció Arturo—. Vamos a conversar acerca de renovar la iglesia. La asisten pocos; llegan algunos sólo cuando haya feriado sagrado. Sólo he predicado; he descuidado las otras tareas pastorales, y les pido perdón. El deber principal de un pastor es capacitar a los fieles para la obra del ministerio, según Efesios 4. Bueno, ¿están de acuerdo ustedes con una renovación?

Después de un silencio incómodo, se puso de pie el barbero Pacho.

—Sí, falta renovarse. Falta pintura, y están para abatirse estos bancos viejos.

—El edificio no, Pacho. Me refiero a la congregación.

Arturo sacó de la valija un mapa dibujado a mano, y lo pegó a la pared.

—Abuelita Ana hizo este mapa; se llama «NUESTRA VISIÓN». Indica el área que Dios nos ha encargado. Muestra los campos listos para la siega que Jesucristo nos ordenó mirar. Jesucristo prometió, «Recibiréis poder cuando el Espíritu Santo haya venido sobre vosotros, y me seréis testigos en Jerusalén, en toda Judea, en Samaria y hasta lo último de la tierra». Gracias, Abuelita, por ayunarnos a visualizarlo.

Afilar la hoja para cosechar

Indicó Los Murciélagos en el centro del mapa.

—Este pueblo es nuestro Jerusalén. Las aldeas son nuestra Judea. La tribu indígena al norte está cerca pero de otra cultura; es nuestra Samaria. Cuando Dios permita, enviaremos a obreros al último de la tierra. ¿Están de acuerdo?

No hubo respuesta. Arturo quedó esperando, y Pacho rompió el silencio.

—Quizás usted va ligero, Licenciado. No podemos alcanzar esos campos sin que el Espíritu Santo renueve a la congregación primero.

—Alcanzar nuestro campo en obediencia a Cristo, es precisamente lo que Dios quiere que hagamos para que Él iniciara una renovación espiritual. Ojalá que sea la visión de todos ustedes. Oraremos por el poder del Espíritu Santo. Cristo nos manda testificar a los vecinos, tratar a los desamparados, evangelizar los campos blancos y hacer discípulos obedientes. Todos haremos lo que corresponda a nuestros diferentes dones espirituales. Abuelita Ana, por favor, diga lo que usted quiere hacer para cooperar con la renovación.

—Voy a consolar a los vecinos que estén afligidos, en el nombre de Cristo.

—¿Y tú, Olga? —Arturo preguntó a su esposa.

—Haré discípulos que guarden lo que Jesucristo ha mandado. Ojalá que todos ustedes estén de acuerdo con el acatar los mandatos de Cristo antes de todo.

Ávila le contestó a Olga con una voz ácida:

—¿De acuerdo con los Diez Mandamientos? Claro, niña. ¿Somos paganos?

Arturo le corrigió a Ávila:

—Jesucristo se refería a sus propios mandamientos, doña. Bueno, Olga ha compuesto un canto sencillo, para memorizar los mandamientos de Jesucristo. Favor cantarlo, Olga. Entonces todos lo cantaremos.

Olga entonó los mandamientos de Jesús, que acataba la primera iglesia en Jerusalén: 1) arrepentirse al creer, 2) bautizar, 3) servir la Cena del Señor, 4) amar y perdonar, 5) orar y sanar, 6) dar, y 7) hacer discípulos.

Cantamos todos, y así aprendimos de memoria los mandamientos principales de Jesucristo que resumen todo lo que él mandó. Pacho preguntó:

—Pastor, ¿no es un poco legalista hacer tanto caso a mandamientos? Está en vigor el Pacto de Gracia del Nuevo Testamento, no el Pacto de la Ley.

¡Que Venga el Amanecer!

—Sería legalista obedecerlos por obligación, pero los obedecemos por amor. Jesucristo ordenó en Juan 14:15, «Si me amáis, guardaréis mis mandamientos». ¿Qué va a hacer usted, Pacho, para ayudar con la renovación?

—No sé. Voy a pensarlo y orar.

Se puso de pie y alzó un libro Lentes, uno de los hijos de Pacho.

– ¡Acción Social! Somos luz del mundo. Traeré justicia a este pueblo.

– ¡Bravo, Lentes! ¡Bravo! –aclamaron los otros jóvenes, riéndose.

– ¡Cállense, malcriados! –chilló Ávila de Álvarez–. Bueno, licenciado, a mí me toca corregir a los matrimonios para que desechen los celos y engaños.

– ¡Zumbido de avispa! –murmuró Julito, y los jóvenes se rieron otra vez.

Ávila empezó a leer de un pequeño cuadernito los delitos de los vecinos, y Arturo se lo cortó. Se puso de pie Chiquillo.

– ¡Aleluya! Yo voy a…

La gritería asustó Faraón a mis pies. Ladró, y Marta, la esposa de Chiquillo, cubrió el rostro con las manos. Ella era la opuesta a su marido, flaca y retirada; los niños le llamaban «Huesos». Llevé Faraón afuera, pero volvió a meterse bajo el banco sin darme cuenta.

– ¡Gloria! –exclamó Chiquillo–. Tengo poder para impulsar la renovación. Voy a traer el fuego de Jehová. Voy a…

Lo interrumpió mi patrón Simón Álvarez:

– ¡Calla! Oigan todos. Tengo algo más importante que la renovación.

Quitó el mapa de la pared, y colgó el dibujo de un gran templo elegante.

—Miren nuestro nuevo templo, tendrá una torre más alto que las de la Iglesia de San Muñoz. Compraré esta casa y su terreno para mis nuevas oficinas, a un precio suficiente para erigir este templo bellísimo. El terreno incluye el pedregal inútil que se extiende lejos arriba en la falda de la montaña.

– ¿Por qué no trató esto conmigo primero, Simón? –le preguntó Arturo.

—Usted se pone temático, Licenciado. Lo anuncié para que todos lo trataran luego, sin que usted los confundiera con enredos legales.

—Trátelo después, con los ancianos de la iglesia. Ahora no. Esto es un culto.

– ¡Aleluya!– Se puso de pie Chiquillo, y el banco se alzó–. Me toca vivificar la iglesia. Estoy experimentado en esto. ¡Gloria! ¡Dinamita de Dios!

Alarmó los perros del barrio su alarido; ladraron, y se rio Julito:

Afilar la hoja para cosechar

– ¡Brama el gran toro!

Chiquillo volteó para verle a Julito. Pisoteó la cola de Faraón que chilló y le mordió el tobillo; Chiquillo perdió el equilibrio y cayó en el banco que se derribó. El perro huyó, y ayudé a Luz a levantarse. Se rieron a carcajadas los jóvenes. Ávila gritó a las señoritas jóvenes sentadas en un banco trasero:

– ¡Cállense! ¡Malcriadas sinvergüenzas! Se pintan y usan pantalones.

Corrió llorando de la sala una joven que había llegado al culto por primera vez. Ávila se sentó, y otra joven le sacó la lengua. Se encendió una discusión amarga; algunos querían muchas prohibiciones, otros querían libertad. Olga salió del templo sollozando, y la seguimos Luz y yo.

– ¡Qué vergüenza! –exclamó Olga, y abrazó a Luz–. ¡Tanta riña! Me da demasiada pena. Era un desastre el primer culto que ustedes asistieron.

–Al contrario, hermana. Ese mapa me aclaró bien lo que Dios quiere que hagamos. Además, leí algo hoy donde Jesús avisó que nadie puede servir a dos señores. Ha de escoger entre dinero y Dios. Cuente con nosotros, Olga. Quedaremos en Los Murciélagos.

– ¡Gracias a Dios! –Olga secó las lágrimas, y Luz lloró de alegría.

Olga me indicó la falda de Monte Platal.

–Ese pedregal es lo que Simón quiere comprar. Me preocupo. Si no apoyan a Arturo, él se renunciará, y se apoderará de este terreno Simón.

– ¿Para qué lo quiere Simón? No sirve para nada, Olga.

–Hay hierba entre las rocas para pastar las mulas que llevaban el mineral de la vieja mina. Cuando se acabó la veta de plata, mi papá donó este terreno a la iglesia, y erigió el templo. Él amaba la iglesia. La ama también mi marido Arturo, tanto que la pastoree sin sueldo.

Vino Arturo, y Olga le informó:

–Maravillosas noticias, mi amor. Jaime y Luz van a quedar en el pueblo.

Le expliqué:

–Reconocí por el mapa el campo que Dios nos ha alistado para la siega.

–Ojalá que lo reconozcan también los otros –dijo Arturo–. Ha sufrido tantos embrollos la congregación, que no haya querido pastorearla nadie. Soy un pastor interino, hasta se componga que la congregación.

– ¿Por ser interino usted no acepta salario, Licenciado?

¡Que Venga el Amanecer!

–Por esto no. Doscientos caseríos chiquitos y pobres en estas montañas necesitarán a pastores que se sostengan a sí mismos, y les serviré de ejemplo. Todas estas aldeas hasta las más chicas van a tener iglesias, aunque sean muy pequeñas.

Regresando a nuestra casa, me comentó Luz:

– ¡Qué curioso el rebañito! Don Simón tan ávido, su mujer con su cuadernito de chismes y voz aguda, Arturo y la valija tan llena, su bella esposa Olga tan ansiosa, Chiquillo tan vociferado, y el barbero Pacho tan temeroso de cambio.

– ¿Y el joven Julito que admira tanto tu hermosura?

2

Perseverar cuando pique la vieja serpiente

Tratar a los errados con una disciplina bíblica

Entré a nuestro callejón después de mi vigilia nocturna, y vi andar como pato a mi hijo Lucas, divirtiendo a los otros niños. Gritaba:

—Soy Chiquillo, el rechoncho.

De repente, salió Chiquillo en la mula y lo vio. Se desmontó, y se le acercó, caminando igual al pato que mi hijo había imitado.

—Jaime, dale la faja a ese malcriado de Lucas. No me respeta ese diablito.

Detrás de Chiquillo, su hijo Andrés tocaba una pierna trasera de la mula con un palito para provocarle a patear. Lanzó un relincho ella, y Andrés se escondió entre los arbustos. Se asomó en la puerta su madre Marta.

— ¡Andrés, ven acá! No me has traído la leña.

—Es que no pude, mamá. No me siento bien.

—Es que le duele el cabello —se mofó otro niño.

Se quitó la faja Chiquillo, y agarró a su hijo.

—Cálmate, hermano —le rogué—No lo castigues estando tan enfadado. Andrés solo estaba jugando, lo que es lo normal para los niños. Explícale primero por qué lo va a disciplinar. Yo leí en Efesios 6 anoche que no debemos provocarles a ira a nuestros hijos. He visto que la paciencia me ha servido para corregir a los vaqueros más traviesos.

—No daría efecto con los mineros que yo mando. Son burros.

—Trátalos como burros, y se portarán como burros. Tú, Lucas, prométeme no volver a burlarte de tu vecino. Si lo haces, te castigaré.

—Te lo prometo, papi.

Se fue Chiquillo en su mula a la mina, y yo entré a mi casa. Escuché risa, y vi por la ventana a Lucas, que caminaba otra vez como pato. Salí y le pregunté:

— ¿Qué me prometiste, hijo? Mírame.

Me incliné para estar al mismo nivel que Lucas, lo miré ojo a ojo.

¡Qué venga el amanecer!

−Mírame. ¿Qué me prometiste? Dime.

−Prometí no volver a burlarme de Chiquillo.

− ¿Qué hiciste entonces? Mírame.

−Se me burlé. Se me olvidó lo que prometí. Hice muy mal, papi. Parece que merezco un castigo. Pero que no sea muy fuerte, papi.

Atarse en el cielo el pacto convenido por dos o tres

Quise dormir después de la vigilia nocturna, pero escuché el sonido de una moto y de unas gallinas asustadas. Llegaban Arturo y Olga en una nube de polvo y plumas, y me costó calmar a Faraón. Arturo sé quitó el casco, y sacudió el polvo de su valija.

−Vengo en busca de consejo, Jaime. Usted observó la división en nuestra congregación. Imponen reglas legalistas algunos, y otros sólo quieren cultos divertidos. Quieren llevar a Jesucristo a la gente algunos, pero otros no quieren hacer nada. ¿Qué haremos para que todos se pongan de acuerdo?

−No espere hasta que todos se pongan de acuerdo, pastor. Sería difícil. Lo más fácil es alcanzar el acuerdo en un grupo chiquito como ordenó Jesucristo. Eso leí anoche en mi Nuevo Testamento de bolsa, entre mis rondas: si dos o tres se ponen de acuerdo en el nombre de Jesús, lo que aten en la tierra será atado en el cielo por nuestro Padre celestial.

−Es cierto. Confirmemos el acuerdo nosotros cuatro. Alcanzaremos el pueblo y las aldeas para Jesucristo. Dará a luz a muchas iglesitas hijas nuestra congregación.

Arturo le rogó al Padre, en el nombre de Jesucristo, el poder para lograr sus metas, y lo confirmamos los cuatro con el Amén, quedando el convenio atado en el cielo.

Olga me llevó a un lado.

−Hermano Jaime, me está acosando cuando camino por la calle un tipo tosco delincuente. Creo que quiere matarme. Nadie me lo cree, ni siquiera Arturo.

− ¡Matarla! Pero no tiene enemigos. ¿Por qué lo sospecha?

−Se lo explicaré, pero ahora no; es una historia enredada y le falta descansar.

A mediodía salí para contar mi testimonio a los vecinos. Próximo a nuestra casa, calle arriba, estaba un taller mecánico. Encontré al dueño acostado bajo

Perseverar cuando pique el viejo serpiente

un Volkswagen oxidado; la gente le llamaba al mecánico «Tornillo». Mi perro empezó a oler las latas vacías de cerveza, y una señorita fumaba mientras limpiaba el carro con un trapo. Ella me saludó:

–Hola, Sr. Jaime García. Yo soy la maestra de su hijo Lucas.

–Mucho gusto, Maestra. Me sorprende que conociera mi nombre.

–Este pueblo es chico. ¡Demasiado chico! Soy Evita Muñoz Mendoza, a su servicio. Yo heredé este carro de lujo de mi papá. Se lo vendo, si quiere. Cómpremelo, amigo. ¡Es una ganga!

–Gracias, Evita, pero entonces no podría alimentar a mi familia.

Traté de contarles cómo Jesucristo había trasformado a mi familia, pero no me hicieron caso. Yo iba a marchar, pero Evita me siguió; me detuvo por la camisa, y me habló:

–Espere, Jaime. Soy pintora, y yo traigo cultura a este pueblo tan atrasado. Párase un momento. ¡Oh, sí! Perfil intrépido. Pintaré su retrato. Le invito a llegar por la tarde a mi casa.

–Gracias, Profa, pero eso sería imprudente.

–¡San Jaime el prudente! –Sopló humo en mi cara, y se volteó para urgir al mecánico–: Apúrate, Tornillo; tu taller me repugna; huele de aceite podrido. Jaime, espere. Párase; no se mueva. Quiero analizar bien su aspecto para pintarlo.

Evita me abrazó para inmovilizarme. Riéndose, Tornillo me avisó:

–Mira calle arriba. La Sra. Ávila de Álvarez los está espiando. Está apuntando en su cuadernito que los observó abrazados.

–¡Ay! –gimió Evita–. Esa avispa publica sus chismes a todo el mundo.

Yo sentía no haber traído a Luz conmigo. Recordé que Jesucristo había enviado a sus trabajadores de dos en dos. Yo iba a irme cuando llegaron dos niños descalzos. Tornillo les regaló unas tortillas, y me contó:

–Estos malnutridos viven en las calles.

–Y no llegan a la escuela– amonestó la profesora.

–Pero es que no podemos –aclaró el mayor–. Si no mendigamos, sufrimos hambre, y nos pega el "Tío".

Visité a otros vecinos, y ninguno mostraba interés en las buenas nuevas de Jesucristo, por lo que regresé a casa desanimado.

¡Qué venga el amanecer!

−Luz, este pueblo miserable queda bajo una nube de oscuridad espiritual.

− ¡Qué abrumado! La noche tenebrosa no durará, mi amor. Viene el amanecer.

Escuchamos un motor ruidoso. Era Tornillo quien llegaba con Evita en el viejo Volkswagen. Él nos anunció:

− ¡El pueblo ya tiene taxi! Acabo de comprar uno. El timón no servía, pero armé otro de unas piezas viejas. Jaime, dicen que trabajas de noche. Yo también soy búho, porque de noche sirvo como jefe de policía. Soy el único policía.

− ¿La delegación de militares no sirve de policía?

−Solo cuando les convenga.

−Bueno, señor jefe de policía, debes saber que Olga de Gómez cree que alguien le acosa con malas intenciones.

Se rio Evita:

− ¡Malas intenciones! ¡Oh sí! La rara hermosura de esa angelita atrae a los varones como la bella rosa atrae a las abejas con su promesa de dulzura.

− ¡Es cierto! −convino Tornillo−. Olga es demasiado simpática. Trató de convertirme al evangelio, y por poco dejé el aguardiente para complacerla. Bueno, hablaré con ella. Ven conmigo, Jaime.

Arrancó el taxi; dio la vuelta, pegó un charco y brincó el carro hacia un lado, aplastando el portón ancho de nuestro patio. Tornillo examinó el carro.

−Ay! Se me olvidó apretar las tuercas del timón que armé.

Después de apretarlas, me llevó a la casa de Olga, dejando el portón aplastado.

Aceptar lo que Dios disponga, sea lo que sea

−Es cierto, Tornillo −Olga le declaró−. Un asesino me acecha. Por favor, créame. Hay una conspiración internacional, y...

− ¡Conspiración! ¿A quién acusa?

−A nadie, hasta encontrar alguna evidencia. Le pido protección, nada más.

−No ande por la calle, entonces. Quedase en casa. Con permiso.

En la calle Tornillo se rio:

− ¡Cuál conspiración internacional! Alucina la angelita paranoica. ¡Pobrecita!

Perseverar cuando pique el viejo serpiente

Luego, no quería arrancar el taxi.

— ¡Ay! Esta batería vieja no sirve. Voy a ir y comprar otra. Espérame.

Pero en camino a la ferretería, se desvió por una cantina. Llegó Arturo, y luego un niño le trajo un recado: «Lic. Gómez, venga por favor. Hay un problema. Plácido Díaz».

—No me dejes sola, Arturo. —Olga le agarró el brazo.

—Sólo un minuto.

Él tomó la valija. En la casa de los Díaz, Julito nos contó:

—Mis padres están limpiando las flores por la capilla.

Fuimos, y Arturo admiró las plantas que adornaban la humilde casa.

—Abuelita, ¿por qué crece tanto ese papayo que usted sembró por la puerta?

— ¡Es magia, Licenciado! Soy bruja. ¿No lo sabía?

—Vaya. El papayo echa hojas sin fruta; simboliza bien la congregación, Abuelita. Pues, don Pacho, ¿cuál fue el problema?

— ¿Cuál problema? ¿A qué se refiere, Pastor?

—El que usted mencionó en su nota.

— ¿Nota? Yo no le mandé ninguna nota, Pastor.

— ¡Dios mío! —Dejó caer la valija—. ¡Olga! ¡Olga!

Corrió hacia su casa, y yo lo seguí. Él entró, y escuché sus gritos agonizados:

— ¡No! ¡No! ¡No!

El licenciado abrazaba el cuerpo que yacía en un charco carmesí en la cocina. Casi me desmayo al verle la cabeza tan cruelmente aplastada.

— ¡No la protegí! ¿Por qué no le hice caso? ¿Por qué no le creía? ¿Por qué tuvo que morir? ¡Ay de mi pobre mujer!

Pacho llegó y quedó tan chocado que no pudo hablar. Lo envié para avisar a Tornillo. Él llegó, examinó el cadáver, y habló con Arturo:

—Actuemos deprisa para hallar al hechor. ¿Tenía Olga algún enemigo, Arturo? —Tenía que repetir tres veces la pregunta.

— ¿Enemigo? E... No. No. Ella no.

— ¿Se había metido en la política?

¡Qué venga el amanecer!

– ¿Qué? ¿La política? ¡No! ¡No! Olga jamás.

Tornillo registraba el cuarto.

–Mira, Jaime. Cenizas de cigarrillo.

– ¿O de puro?

Llegó Luz, y trató de consolar a Arturo, pero él no la hizo caso. Se puso de pie y alzó un puño.

–Mi amor, te vengaré. Exijo la justicia. ¡Juro vengarte!

– ¡Qué lástima! –deploró Pacho–. Aquí se acaba la renovación espiritual.

Luz le rogó a Arturo:

– ¡La venganza no, Pastor! La venganza sofoca el alma. Olga jamás hubiera querido algo así.

–Él quedó mirando a Luz, y suspiró profundamente.

–Olga sólo quería hacer discípulos de Jesucristo. Es cierto, por ella resuelvo guardar un solo compromiso; ganaré a este pueblo para Jesucristo. –Miró para arriba y alzo las manos–. ¡Olga, Olga, amor mío, óyeme! Te lo juro ante Dios. Nada me desviará de evangelizar este pueblo. ¡Nada, jamás!

Llegando a casa con Luz, lamenté:

–Me suplicó socorro Olga, y yo no le hice caso. ¡Soy un necio inútil!

–Y yo me siento inquieta en este desgraciado pueblo. Tu trabajo te pone en peligro, y aquí matan a la gente inocente. Ahora sí, quiero escapar al campo.

–Pero, Luz, le prometí a Dios servirlo en este pueblo. ¡Ay! ¡Hasta mi esposa me urge desviar! ¿Qué haré?

3

Multiplicar iglesias hogareñas donde convengan

Ganar la justicia social por medios justos

Al próximo día, escuché voces enojadas en la calle. Venía Chiquillo en la mula; caminaba a su lado Lentes, y discutían. Me informó Lentes:

−Los «Ingenieros Sociales» se reúnen hoy en Las Brisas, un caserío en la cumbre de Monte Platal. Son activistas para la justicia social. Venga conmigo; yo le prestaré un caballo.

−Son puros marxistas esos ladrones violentos −gruñó Chiquillo−. No vayas.

−Mejor iré con Lentes para tantear su manera de proceder.

−Entonces les acompañaré.

Subiendo la montaña por el precipicio arriba del Río Bravo, la mula de Chiquillo se resbaló en las piedrecillas flojas. Rodó una y cayó por abajo, chocando con otras piedras, que impulsaron un deslizamiento que iba aumentándose. Lentes desmontó y se acercó al borde para observar.

−Ojalá que nadie esté bañándose allá abajo en el río. ¡Qué abismo más profundo! ¡Vértigo da echar el vistazo! Ni siquiera se oyen esas cataratas que se ven tan lejos abajo.

Seguimos nuestro camino, y de repente encontramos a un descalzo sudado; que descansaba sobre una roca. Le dije.

−Amigo, está rendido. Monte mi caballo. Yo puedo ir a pie por un tramo.

−Muy amable, caballero. Mi nombre es Ricardo Solórsano.

− ¡Ricardo Solórsano! −exclamó Lentes−. ¿El Chorcho, el famoso asesino?

−A la orden, joven.

− ¿Anda huyendo?

−Sí, pero no de la ley. Estaba preso y me iban a fusilar. Hubo cambio de gobierno, y como yo había asesinado a los poderosos del otro partido, me perdonó el nuevo presidente. Recibí a Jesucristo como mi salvador estando aislado en una celda solitaria. Yo podía escuchar a un predicador que venía los viernes.

—También seguimos a Jesucristo nosotros. ¿No tiene enemigos que le buscan para vengarse?

—Sí, muchos, joven. En el presidio me metió veneno en la bebida un guarda, pero chupé unos limones y me recuperé. Luego conseguí unas tijeras de la sastrería y lo eliminé.

— ¿Siendo cristiano, lo mató?

—E... Pues, sí. Se me pegaban todavía algunos malos hábitos.

En Las Brisas nos dirigimos entre botellas quebradas y suciedades hacia la casa más grande. Pasamos a algunos hombres apostando a gallos de pelea. Salió corriendo y gruñendo un perro blanco desde una casa, y le atacó a mi perro Faraón. Salió corriendo para apartarlos un señor alto de hombros anchos, canas y una cicatriz muy fea en una mejilla.

— ¡No, Lamelatas! Perdonen, señores. Es excesivo protector mi perro.

—Este gigante es Mincho Medina —nos lo presentó el Chorcho—. Él organiza los sindicatos. Muéstrenle respeto, porque a sus enemigos mata con las manos.

Se reunían los Ingenieros Sociales. Cargaban pistolas y machetes, y apestaba la sala, de humo de cigarrillos. Observaban por una ventana desde afuera algunos vecinos indígenas.

Entró un hombre de barbón largo, y cesó la conversación. Llevaba rifle, con dos cartucheras que le atravesaban el pecho, y apretaba un puro entre los dientes, una imagen precisa del revolucionario cubano Fidel Castro. No se quitaba el puro al hablar; ni tampoco lo encendía. Alzó un rifle y gritó:

— ¡Vive la revolución, Camaradas!

— ¡Vive la revolución, Comandante! —repitieron los socios.

—Veo caras nuevas. Bienvenidos, camaradas. Me llaman Chuz Ochoa mis amigos, y me llaman el Diablo mis enemigos, pero no por mucho tiempo, porque no les dura la vida.

Lo aplaudieron todos.

—Toca los abusos cometidos en Los Murciélagos la orientación sociológica de hoy. ¿Cuánto les paga a ustedes los mineros, ese capitalista Simón Álvarez?

Contestó a Chuz un joven a mi lado, que apestaba por falta de bañarse:

Multiplicar iglesias hogareñas donde convengan

–Centavitos, Comandante. Nos trata como animales ese puerco de Simón.

– ¡Unámonos contra los explotadores! –Mincho alzó un puño enorme.

– ¡Muerte a los capitalistas! –Alzó el rifle el comandante –. Ustedes los agricultores les rinden a los terratenientes la mitad de sus cosechas. ¿Es justo que ustedes suden y hagan toda la labor, y que reciba todo el beneficio el rico que no hace nada? Contéstenme. ¿Es justo?

– ¡Quitemos de entre la humanidad esta injusticia! –gritó el gigante Mincho.

– ¡Aleluya! –se puso de pie Chiquillo–. Somos el brazo fuerte del Santísimo. Denunciemos las injusticias del mundo perverso. ¡Aleluya! Invoquemos las huestes celestiales. ¡Aleluya!

– ¡Calle, gordinflón labioso! –demandó Chuz–. ¿Para quién trabaja usted?

No le contestó Chiquillo, y le informó Aarón:

–Él le brilla las botas a Simón Álvarez, camarada. Él tomó su puesto; ahora maneja los explosivos en la mina.

– ¡Aquí anda un Satanás! –Gritó Chiquillo–. ¡Yo me largo, antes de que caiga fuego de lo alto! –Se marchó, y se rieron todos los socios.

Liberarse del odio que guarda uno

Se acabó la reunión. Yo desataba el caballo cuando el gigante me preguntó:

– ¿Conviene con nuestros fines, Jaime?

–Con los fines sí, con los medios no. Sólo incita más injusticia la violencia.

–Pero jamás se logra la justicia sin la violencia.

–Sí se logra, Mincho. Cristo dio su vida para que Dios nos perdonara y nos diera poder para obrar la justicia. Siempre lo han hecho sus seguidores. Sólo provoca una codicia el comandante. Es por medio de la oración y la compasión que se vencerán los agravios.

–Venga a la sesión de líderes para que nos apoye en nuestros planes.

Comenzó la sesión, y Chuz cerró las ventanas.

–Hoy en la noche sacaré los rifles de la tienda de Simón Álvarez, y esta vez no les fallaré. Pero me falta un ayudante. Simón cierra la tienda a las nueve. Mi ayudante entrará un minuto antes para comprar un sombrero. Cuando Simón esté alcanzándolo, entraré y me esconderé tras un armario. Cuando estén dormidos, el ayudante le obligará con pistola al vigilante a callar al perro, mientras que yo me lleve los rifles.

–Perdone, Jefe – le avisó Mincho–. Robar así alertará a las autoridades. Fuera mejor inscribir más socios antes de agitar el nido de avispones.

–Mincho, a usted te toca organizar los sindicatos; a mí me tocan las operaciones. Haga lo suyo; déjeme hacer lo mío. Ahora bien, ¿quién tiene la voluntad de ayudarme?

Nadie respondió, y Chuz repitió la solicitud. Hubo más silencio, y él gruñó.

– ¡Mujeres! ¡Gallinas! ¡Cobardes! ¡Cobardes todos!

–No todos –Me había indignado su palabra, y hablé sin pensar–. No dejo que nadie me llame cobarde, Comandante Chuz.

– ¡Ay! Por fin un valiente. Le felicito, camarada. En la noche usted y yo vamos a...

–El vigilante de Simón Álvarez soy yo.

Se voltearon para verme todos, y ordenó Chuz:

–Regístrelo, Mincho.

Lo hizo el gigante, y quedó mirándome de un modo amenazador. Me atemorizaba. ¿Iba a estrangularme ese gigante con las manos tan enormes? Poco a poco se ablandó el aspecto ceñudo del monstruo.

–Tiene valor, Jaime. Admiro su coraje y su franqueza. Muy bien, compañero, divúlguenos su intención con franqueza.

– ¡Espía! –gritó Chuz. Apuntó el rifle hacia mi corazón.

Se apartaron de mí los socios. Le aseguré al comandante:

–No soy espía. Les ayudaré a lograr la justicia, pero con amor, no con odio.

Se interpuso entre Chuz y mí el gigante, y me preguntó:

–Con franqueza, ¿jura usted ante Dios no divulgar nuestros planes?

–Sí, don Mincho. Ante Dios y estos testigos, un voto sagrado. No me roben a mi patrón, y yo no divulgaré nada. Vendré sólo para traerles el evangelio.

–Díganos, Jaime. ¿Cómo se logra la justicia sin violencia?

–Dios nos ama, y por eso hacemos la justicia por amor. Dios nos perdona, y así perdonamos los agravios sin buscar venganza. Cristo murió por nuestros

Multiplicar iglesias hogareñas donde convengan

pecados y resucitó para darnos vida santa y eterna. Por eso, amamos hasta a los enemigos, tal como Jesús nos ordenó. Logremos la justicia sin odio.

Me prestaban atención. Chuz me maldijo, terminó la sesión, y se marchó por el camino al pueblo. Me avisó El Chorcho:

—No regrese por ese camino. Chuz le tiende una emboscada. No se meta con él. Es un demonio con un rifle, pero su método preferible de exterminar a los enemigos es por explosivos; se enamora de ellos. Venga.

Me mostró una senda desatendida y peligrosa que daba para abajo por los peñascos al oeste.

—Tendrá que bajarse con muchísimo cuidado —me avisó El Chorcho.

Estaba angosta, empinada y larga la escabrosa senda. Bajé despacio; un paso en falso sería la muerte. Pasó media hora, y aun bajaba por el camino inclinado. Mirando arriba capté un temblor de movimiento detrás de una cortina de arbustos al borde del abismo, y aceleré mi paso. Me chocó un agudo dolor en el pecho, y me caí.

Me desperté en oscuridad. Sentía unos dolores agudos que me punzaban la espalda y la pierna. Me sangraba una perniciosa magulladura del pecho; pero había rebotado de la roca la bala, dándome de lado y no de frente. Me puse de pie y volví a caer entre las piedras, torciéndome un tobillo. Usando una varilla como bastón, avancé cojo, a través de la maleza espesa; me rasgaba la camisa ella, me amenazaba por todos lados y un ejército de sombras. Con cada respiración, me pegaba un dolor en las costillas. Se llenaba mi mente de unos pensamientos lúgubres de venganza. . Supe que el odio de Chuz me había causado este dolor. ¡Odio! El mundo no dejaba de odiar a los seguidores de Jesucristo. ¡Tanto odio había!

—¡Oh Dios, líbrame del odio de Chuz y del mundo! ¡Líbrame! ¡Líbrame!

Yo rodeaba la montaña, siguiendo una caminata larga y dolorosa, cuando encontré algunos caballos salvajes. Quise montar uno, pero todos huyeron de mí. Admiré al caballo que los conducía; era hermoso, grande y veloz, de color gris. Determiné regresar y atraparlo.

Me tropezó una raíz y volví a caer; me impulsaron a vengarme la pena y la vergüenza de mi situación. ¡Oh, sí! Sentiría los mismos dolores Chuz. Yo me imaginaba muchas formas de causarle dolor. Caí de nuevo, pero esta vez el dolor me obligó a sondear mis intenciones, y cambié mi súplica:

¡Qué venga el amanecer!

—Líbrame, Señor, de mi propio odio. Me ciega mi aborrecimiento. Nos ordenaste perdonar como nos has perdonado. ¡Me es difícil! ¡Ayúdame!

Iniciar iglesias de hogar donde más convienen

Arturo me pidió contar a los ancianos de la iglesia, quienes estaban reunidos en su despacho, lo que yo había observado en Las Brisas.

—Es muy distinta la cultura de los caseríos montañeros; a esa gente analfabeta no le conviene nuestro tipo de culto. Hasta las familias más pobres de mi barrio no se hallan en nuestros cultos. Es rústica su habla y les falta ropa de moda. Fomentemos iglesias que acojan a esta gente en el campo y en los barrios sin imponerles nuestras costumbres.

Arturo bajó una foto de Olga en su vestido de bodas, y la miró.

—Hermanos, me rogó Olga iniciar iglesias que abrazarían a los marginados. Pero murió ella, y murió con ella la visión.

—No pastor –le corregí–. Aún vive. Recuerde el pacto que se ató en el cielo. Usted y Olga lo hicieron en nombre de Jesucristo con Luz y conmigo.

—Es cierto. Tienes razón, Jaime. Explica por favor a los ancianos cómo has ganado a tantas familias para Cristo.

—Antes les invitaba a los cultos, pero no llegaban. Ahora llevo conmigo a Luz, o a un nuevo hermano, para platicar con los jefes de familia. Oramos por los enfermos, les contamos lo que Jesucristo hizo para salvarnos, y les testificamos de cómo nos ha transformado. Sienten el amor de Jesucristo, y lo reciben como salvador. A la vez, miran un ejemplo de testificar que ellos pueden imitar.

—Van a hacer lo mismo ustedes los ancianos –ordenó Arturo.

Pero dudaba Pacho:

—Me cuesta visitar a gente que no conozco; me falta el valor.

—Yo te acompañaré, Pacho, –le ofrecí– y así ganarás valor. Jesucristo recomendó ir de dos en dos. La fe es más contagiosa que el sarampión cuando la comuniquemos con amor, por el poder del Espíritu Santo.

Convino Pacho. Discutió Simón la venta del terreno, y se amargó el debate. Arturo cerró la valija con un golpe, oró, y se terminó la reunión. Iba saliendo, cuando entró un señor anciano.

Multiplicar iglesias hogareñas donde convengan

– ¡Que les bendiga nuestro rey Jesucristo, hermanos! –Quitó un gorro hecho de piel de zorrillo, negro con raya y cola blanca–. Dios les ama, y yo también.

–Bienvenido Pastor Carlos Méndez –le saludó Arturo–. Hermanos, este sabio es mi mentor; le pedí su ayuda para realizar nuestra visión. Me trae un tesoro de consejos cada quince. Es convencional su iglesia en el pueblo de Arenas, pero levanta iglesias hijas en los hogares para la gente que se le hace difícil llegar al templo. Regresemos a nuestros asientos.

Carlos nos dio la mano a todos, y nos explicó las siguientes pautas para formar iglesias hogareñas:

Gobierno sencillo. Se requiere sólo lo que Cristo y sus apóstoles ordenaron.

Multiplicación. Se multiplican Las iglesias pequeñas como conejos. Pueden plantar iglesias hogareñas cualesquier personas que amen a Jesucristo.

Mentoreo. Cada pastor instruye a los líderes de las iglesias hijas tal como lo hizo Pablo, y éstos instruyen a otros por cadena, como en 2ª Tim. 2:2.

Auto-sostén. Se sostienen los pastores como «fabricadores de tiendas».

Evangelismo dentro de una red social. Testificar a los amigos.

Dones en acción. Para hacer todo lo que Dios requiere, se ponen en práctica los diferentes dones en los cultos y durante la semana.

¡Qué venga el amanecer!

Popopopo! Salimos para ver lo que hacía tanto ruido extraño. Volaba sobre la capilla un helicóptero; soplaba polvo que me molestaba la vista. Ascendió la nave, y se aterrizó en un plano en la falda de la montaña. Se bajaron dos hombres con un saco y un palo. La nave despegó, y volvimos a la sesión de los ancianos. Cuando terminó esta, habían bajado con el saco lleno los dos hombres. Parecía árabe el que lo llevaba, y le preguntó Arturo:

– ¿Qué lleva, señor? Este terreno le pertenece a nuestra iglesia.

–Hola amigo. Me llamo Abdul Hussein, y mi colega es Sebastiano Ortega.

Arturo repitió la pregunta, pero le impidió Simón que los llevó a su casa.

4

Resistir a los diablos que lleguen montados en dólares

Saber cuáles pastores deben sostenerse a sí mismos

Pasaron varias semanas de duelo para el pastor, pero un día, al comenzar un culto, le contó Pacho:

—Ya les hablamos a mis primos Jaime y yo, y recibieron a Jesucristo dos de sus familias.

El pastor pudo distraerse de su dolor para afirmar nuestro gozo.

— ¡Felicidades! Estamos viendo las primicias de la renovación espiritual.

Llegó un camión viejo con el nombre «El Caribe» escrito arriba de los parabrisas, y con una cabina oxidada, originalmente de color naranja. Se bajó del camión un moreno alto, y se dirigió a Arturo:

—Buenos días, Pastor. ¿Y la hermana Olga? ¿Cómo está ella?

Arturo entró a la casa sin responder. Lo seguía el chofer, pero yo lo detuve afuera.

—Señor, alguien asesinó a Olga.

— ¿Qué? ¿La asesinaron? ¡Eso es imposible!

—Es verdad. Es una tragedia. Nadie sabe ni quién, ni por qué.

—He estado viajando, y ha quejado en casa mi esposa Hilda; ella ha tenido un dolor agudo de la espalda. E... Me llamo Colón Estrada. Siento mucho la muerte de tan buena persona.

Llegaron Pacho y Abuelita Ana, y ella miró a Arturo.

—Hermano, ha adelgazado demasiado usted. ¿Ha dejado de comer?

—Es por su dolor —opinó Pacho—. Y luego gana tan poco como abogado en este pueblo tan pequeño y pobre, y también pastorea sin salario. Pastor, recomendaré a la iglesia darle un buen sueldo.

—No, Pacho. Yo estoy bien. El apóstol Pablo fabricó tiendas para sostener a sí mismo y a sus colegas en Éfeso y Corinto. Lo hizo en Tesalónica para dar

¡Qué venga el amanecer!

ejemplo a unos líderes perezosos. Yo quiero hacer lo mismo. Necesitan a pastores que se sostengan solos centenares de caseríos en las montañas. Quiero darles un ejemplo para imitar, igual a Pablo.

Resolver cuestiones decisivas con cordura

Llegó desde el pueblo de Arenas el anciano mentor Pastor Carlos Méndez, para acompañarnos en el culto Dirigió los cantos con una voz profunda y melodiosa. Colón el camionero. De repente fuimos interrumpidos por un chillido de frenos gastados. Se burló Simón:

–Viene el distinguido taxista y jefe borracho de policía, para convertirse.

Tornillo entregó a Arturo una carta, y le contó:

–Es de un gringo que llegó en un helicóptero. Se llama Pantero Jones.

Leyó la carta Arturo.

– ¡Es increíble! El Pantero nos ofrece una cantidad enorme de dinero para comprar la capilla con el terreno que le pertenece. Nos exige una respuesta inmediata.

– ¡Gloria! –exclamó Chiquillo–. Dios nos ha enviado a este Pantero.

–Dios, no –gruño el caminero Colón–. Es un demonio que lo envió. Yo conozco a ese gringo.

Simón apuntó al moreno con el gancho.

–Cuidado. No lo impida. Recibamos lo que ofrece. Dígale al Sr. Pantero que sí, Tornillo.

–Pero primero oremos –rogó Pacho.

Se estalló un desacuerdo encolerizado, y Arturo le rogó a pastor Carlos:

–Por favor, ayúdenos a decidir. ¿Qué opina usted?

–Si me toca pasar por un abismo peligroso en la oscuridad, yo espero el amanecer.

–No es nuestro obispo Pastor Carlos –declaró Simón–. Se gobierna a sí misma la iglesia sin intervención de afuera. Votaremos por la venta.

Le contradijo Pacho:

–Pero don Simón, nos falta un obispo, tal como le faltaba a las nuevas iglesias que servía Tito en Creta. Pastor Carlos nos sirve muy bien como obispo. Hagámosle caso.

Resistir a los diablos que lleguen montados en dólares

Se empezó un debate sobre la gobernación de la iglesia, hasta que Arturo lo cortó:

—Sólo estamos mostrando nuestra ignorancia. Instrúyanos, por favor. Pastor Carlos.

—Muy bien. El Nuevo Testamento expone tres modos de gobierno de iglesia: podía ser por medio de los obispos, de los ancianos o de la misma congregación; correspondía el modo a la madurez de las iglesias.

— ¡Ya basta con la teología! –gritó Simón–. Resolvamos la venta. Precisan la aprobación de la mayoría los estatutos. Votaremos ahora. Es patente el beneficio; edificaremos un templo amplio y lujoso. ¿Cuántos están a favor?

— ¡Ahora no es el momento! –enfatizó Arturo–. Nos ha incitado demasiado rencor la oferta del Pantero. Sigamos adorando a Dios primero.

El gobierno de la iglesia corresponde a su madurez

Después del culto le pedí a Carlos aclarar los tres tipos de gobierno de la iglesia. También quería saberlos Arturo, y fuimos a su despacho. Había en la pared diplomas, una foto de Olga en su vestido de bodas, y más libros de lo que yo había visto en toda mi vida. Carlos explicó las formas clásicas de gobernación:

—El gobierno episcopal por obispos recibió impulso por el Emperador Constantino; unió las iglesias al estado con un obispado paralelo a la jerarquía del Imperio Romano. Aún guardan este estilo de gobierno las iglesias arraigadas en la antigüedad. En su forma primitiva, este tipo de gobierno se aplicaba a las iglesias que faltaban líderes maduros como lo vemos en Tito 1:5.

— ¿Y el gobierno por ancianos? –le pregunté.

—El gobierno presbiteriano recibió impulso cuando los gobernadores quisieron limitaron el poder de los monarcas. Los gobernadores asistieron a los congresos, para representar a sus respectivas poblaciones. Los presbíteros son los ancianos pastorales; dirigen ellos la obra local y regional, tal como se ve en Hechos 15. En su forma primitiva, este tipo de gobierno les sirve a las iglesias que tienen a miembros capaces de pastorear.

—Sólo se pelean nuestros ancianos, Pastor Carlos –se quejó Arturo.

—Pero van a madurarse. Luego, el gobierno congregacional recibió impulso cuando surgió la democracia. Se llegaban a gobernar sin control de los obispos ni de los concilios las congregaciones individuales. Un ejemplo pudiera ser la iglesia de Antioquia, que comisionó a Pablo y Bernabé en Hechos 13:1-3. Ella tenía a líderes maduros. En su forma primitiva, el gobierno congregacional les sirve a las iglesias que tienen a miembros bien experimentados que conocen la Palabra de Dios.

– ¿Cuál tipo de gobernó prefiere usted, Pastor Carlos? –le pregunté.

–Depende de la madurez de los fieles. Les daré un ejemplo. Salen para jugar los niños chiquitos, y los acompañan los padres; de la misma manera, le falta un dirigente maduro, o sea, un obispo, a una nueva iglesia con nuevos cristianos. Entonces crecen los niños, y los cuidan los mayores entre ellos, tal como cuidan a las congregaciones los ancianos pastorales, llamados presbíteros, de más madurez. Luego, cuando se hacen adultos los jóvenes, comienzan a gobernarse a sí mismos, con el apoyo de sus papás, tal llega cuidarse a sí misma como una iglesia madura, por medio de un gobierno congregacional que exige la contabilidad entre líderes.

–Pero sólo permiten un tipo de gobierno algunas iglesias –comentó Arturo.

–Sí. Ellas heredan los estatutos que requieren una sola forma de gobernación. Pero algo más importante que el tipo de gobierno es el tipo de personas que lo controlen. Puede ser abusiva cualquier forma de gobernación si lo controlen ocultamente las personas de influencia, o si impongan reglas no bíblicas. Han sufrido algo similar ustedes, Arturo.

–Antes venía de vez en cuando un pastor de la capital para supervisarnos. Él controlaba todo detalle. No respetaba a ningún líder de aquí, y dejó de venir; dijo que faltaba educación esta gente para tener una iglesia normal. Ahora, es nuestro asesor usted, Pastor Carlos; nos equipa para administrar nuestra obra.

–Es el deber de los pastores experimentados servir de mentores para los nuevos líderes de otras congregaciones que forman el cuerpo regional.

– ¿Cuerpo regional? –le pregunté a Carlos–. ¿Qué es?

–En el Nuevo Testamento se refería muchas veces la palabra iglesia a las muchas congregaciones de una región. Eran iglesias de hogar, y practicaban la vida corporal y los mandamientos «unos a otros» entre las varias congregaciones, como un solo cuerpo. No existía ningún templo cristiano hasta casi tres siglos después. Tampoco había seminarios para capacitar a los pastores, por lo que se preparaban por medio del mentoreo, tal como lo practicaban Jesucristo y el apóstol Pablo para preparar a los nuevos líderes.

Resistir a los diablos que lleguen montados en dólares

Discernir cuándo conviene el mentoreo

Yo me presumí a pedirle a Pastor Carlos:

—Pastor Arturo aprovecha de tenerlo como mentor pastor. ¿Pudiera yo también aprovechar del conocimiento de usted?

—Arturo es su mentor, Jaime. Yo lo instruyo, y él les instruye a los otros líderes de tu iglesia. Debe instruir a nuevos líderes todo pastor, tal como lo hicieron Cristo y sus apóstoles. Así se multiplicarán fácilmente las iglesias.

— ¿No enseñó Pablo en una academia en Éfeso, en Hechos 19?

—Ellos dialogaban en esa escuela, Jaime, e incluía mucho viajar el currículo. Levantaban iglesias los aprendices a lo largo de Asia Menor. Arturo no puede asistir a un seminario académico; yo soy su mentor, y me reúno con él cada quince, o cuando podamos arreglarlo.

— ¿Qué hace usted como mentor, Pastor Carlos?

—Yo sirvo de ejemplo. Anduvo conmigo Arturo, mientras pastoreaba en algunas iglesias de hogar, y yo hice todo de manera que Arturo me pudiera imitar. Debe hacer igual, usted, y acompañar a Arturo, para aprender de él el pastoreo. Además de servir de modelo, un mentor se reúne con sus aprendices para escuchar sus informes, y ayudarle a hacer sus planes.

—Explíquenos esto, de las informes el hacer los planes, por favor.

—Un mentor escucha el informe de cada aprendiz sobre las actividades de su iglesia y de las iglesias hijas, y les asigna tareas prácticas y estudios que correspondan a lo que las iglesias necesiten. El mentor y el aprendiz planean juntos lo que los miembros de la iglesia del aprendiz harán durante la próxima semana, quincena o mes. Hacen lo mismo con los estudios. El mentor escucha al aprendiz explicar en breve lo que haya estudiado, y le asigna estudios que apoyen las tareas que hayan proyectado.

—Ya veo. Corresponden a las actividades actuales los estudios.

—Sí —afirmó Carlos—. Se manejan así casi todos los estudios. Capacitará usted a nuevos líderes, que capacitarán a otros por cadena, como en 2ª de Timoteo 2:2. Les traje una lista de mentores en la Biblia:

Jetro → Moisés → jefes, de mil → de 100 → de 50 → de 10

Moisés → Josué → oficiales militares

Débora → Barak

Elí → Samuel → Saúl y David → Salomón → Reina de Sabá

¡Qué venga el amanecer!

Ajitofel y el profeta Natán → David → las tropas

Elías → Eliseo → Joás y otros reyes

Daniel → rey Nabucodonosor y sus oficiales

Mardoqueo → Esther → Rey Artaxerxes

El Señor Jesucristo → los doce apóstoles → muchos líderes

Ananías → Pablo → Tito, Timoteo → hombres fieles → "otros"

Felipe → el Etíope que llevó el evangelio al África

—Esto facilita el multiplicar, Pastor Carlos —observó Lentes.

—Claro. Así se multiplican a su manera normal las iglesias, y evitan algunas tradiciones no bíblicas que impiden que se multipliquen.

—¿No son los católicos los que guardan las tradiciones de hombre?

—Todas las iglesias acumulan sus tradiciones, ya sean buenas o malas. Una tradición puede beneficiar a una iglesia, pero al mismo tiempo puede perjudicar a otra, según el ambiente del local.

—¿Cuántos aprendices deben reunirse a la vez con un mentor, Pastor Carlos?

—No muchos, para que reciba atención cada uno. Uno hasta cuatro prefiero.

Arturo sacó de la valija un pequeño libro tamaño de bolsa, y me lo entregó.

—Se empieza ahorita su mentoreo; se lo explicará este estudio. Usted puede encargarse de reproducir los estudios para sus propios aprendices.

Saber cuándo y cómo un pastor debe renunciar

Ávila me llamó aquella misma noche:

—Venga acá vigilante; Simón quiere hablarle. Pero no traiga ese perro. Déjalo atado.

—No lo tema, doña. Faraón sólo ataca a gente maligna.

Gruñó Faraón, y lo reprendí:

—«No juzguéis, dice el Señor».

Llegando a su casa, escuché la orden de Simón:

—Persuade a Arturo a aprobar la venta del terreno, y le pagaré el doble este mes.

Resistir a los diablos que lleguen montados en dólares

–Yo no me meto en eso, don.

–Triple, pues.

–No don, gracias.

Pasando una ventana, escuché a Ávila:

–Perderemos una fortuna, Simón.

–No se preocupe. Voy a tomar medidas, te digo.

Fui en la mañana a preguntar a Arturo:

– ¿Aún contiene plata ese pedregal arriba de la capilla?

– ¿Quién sabe? No tengo respuestas, sólo preguntas. ¿Quién mató a Olga, y para qué? Hallaron cenizas cerca de ella, y Chuz Ochoa fuma puro.

–Pero nunca lo enciende; no sé por qué no. Busquemos al niño que le trajo a usted la nota que nos provocó a dejar sola a Olga. Quizás divulgue a quién se lo envió.

–Le toca a Tornillo esto. Sin Olga me siento incompleto; ya no pastoreo bien, y sufre la congregación por tanto pleito. ¿Le faltaría otro pastor?

–No, don. Deja de tratar de ser salvador del pueblo, tomando la responsabilidad para resolver todos los problemas. Fíjese en lo positivo; en que florece la iglesia.

– ¿Florece? ¿Con tantas molestias? Si pronto no veo cambio, renunciaré.

–No vale una decisión en reacción a una angustia temporal, don. Deje posarse el polvo.

Respiró Arturo profundamente.

–Tiene razón, hermano. Que me dé su fruto de paciencia el Espíritu de Dios.

Hacer morir los viejos deseos mundiales

Fui con Tornillo a la casa del niño recadero, y la encontramos vacía. Nos informó un vecino:

–Anda buscando a un niño esa familia. Ya tiene días que desapareció.

Vigilando aquella noche me sentía tan desanimado que le lamenté a Faraón:

– ¡Ay, perro, qué noche más triste y miserable! Me congela esta brisa helada de la montaña, y me abate la maligna oscuridad. No es sólo por la ausencia de luz, sino por algo diabólico que se siente que habita en la oscuridad. Es como un vampiro que me chupa el ánimo.

La cara pálida de la luna se asomó, y me seguía quejando a Faraón:

–Se burla de nosotros esa reina muda de la noche, acompañada por sus amantes, los murciélagos.

Rompió el silencio un gallo, y otros lo contestaron. La reina nocturna se cubrió otra vez con su bata nublosa, y volvió a atormentar mi alma la sombría oscuridad. Sentía algo satánico, y me caí de rodillas.

– ¡Apártate de mí, maligno! ¡Aparte! Oh, Señor, pon tu mano sobre mí.

Me asustó un toque en el hombro. Me hablaba Pastor Carlos:

–Estaba esperando el autobús a Arenas, y le escuché orar.

–Siento que me oprime un demonio.

–No le eche toda la culpa al diablo. Lucha también contra sí mismo. Romanos capítulos siete y ocho lo explica. Léalo.

Se fue Pastor Carlos, y hallé el pasaje en mi Nuevo Testamento de bolsa; Confesaba Pablo que no hacía lo que quería, sino lo malo que odiaba. En su interior se deleitaba en la ley de Dios, pero se la oponía la ley del pecado. Entonces leí el remedio que daba Pablo. Se vence ese mal si vive conforme al Espíritu y hace morir los deseos carnales. Me arrodillé.

–Amado Dios, crucifica mis malos deseos.

Llegó el amanecer, y me llamó Pacho desde la barbería:

–Oye. Han traído a Chiquillo al Centro de Salud en una hamaca algunos mineros. Ven. Vamos a verlo.

Se llevó Pacho una pomada, y juntos ungimos al herido como ordenó Santiago en la biblia. Chiquillo nos relató:

Resistir a los diablos que lleguen montados en dólares

—Sorprendí a Chuz Ochoa en la mina; él quería provocar a mis empleados hacer huelga. Luchamos él y yo, y él me apuñaló en la barriga. No sé cómo lo hizo, porque lo había registrado y no tenía puñal. Pero no me logró matar. ¡Aleluya! ¡Ay, me duele!

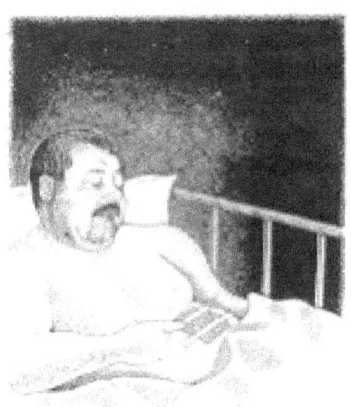

Me invitó Pacho a su casa:

—Mi hijo Nando es marinero, y está de visita por unos días con nosotros. Es gemelo de Julito e igual de travieso. Ninguno de los dos sigue al Señor.

Llegando, encontramos a Nando contando aventuras del mar. Traté de hablarle acerca de Jesucristo, pero me cortó:

—Sabemos Julito y yo que Dios existe, don Jaime. No hay problema.

—Pero sí lo hay, hijo —le refutó Ana—. Dios hace mucho más que andar existiendo.

Quedó pensativo Nando por un momento. Entonces me explicó:

—Pues, permítame aclarar mis dudas. ¿Piensa Dios que con sólo dejarnos un libro viejo con cuentos de milagros, llegaremos a creer en él y salvarnos? Esto no sería lógico, Jaime.

—Pero no es así, Nando. Uno se salva por la fe en Jesucristo, no por la lógica. Creemos que Jesucristo murió para perdonar nuestros pecados, y resucitó para darnos vida eterna. Además, Dios nos ha dejado mucho más que la Biblia. Cristo dejó a su novia la iglesia, que ha traído los más grandes beneficios a la humanidad, y ha dado un testimonio poderoso a pesar de las faltas de sus miembros. También nos dejó el Espíritu Santo; Él nos hace nacer la fe. ¿No sientes su convicción en tu alma?

¡Qué venga el amanecer!

—Quizás–. Nando quedó pensativo por un momento. —Creo que sí. Me sopla una tormenta en el corazón. ¿Y tú, Julito?

Quedó quieto Julito por largo rato. Pero luego también se confesó:

—Yo, igual.

Pacho abrazó fuertemente a Nando y Julito.

—Mis hijos, vive en los corazones de los fieles el Cristo resucitado. Recíbanlo ahora en sus corazones.

Así hicieron, y celebramos todos con risa, y con lágrimas de alegría.

Acatar el propósito del bautismo

Esa noche, pegó una tormenta. Caían por todos lados los rayos, y me dejaban sordo los truenos tan cercanos. En la mañana nos reunimos para caminar al río para bautizar a los dos muchachos y a otros nuevos creyentes. Trajo a su esposa Hilda el camionero Colón, y ella le contó a Arturo:

—Pastor, doy gracias a Dios porque me ha sanado. Oraron por mí Jaime y Luz, en el nombre de Jesús, y se me quitó el dolor de la espalda. Ahora sí, he decidido seguir a Cristo, y quiero bautizarme.

—Me alegro, hermana Hilda. Pero yo pensaba que usted ya se había bautizado. Ya creía en Jesucristo usted, ¿no?

No, Pastor. Asistía a los cultos sólo para complacer a Colón.

Llegaron agitados Lentes, Julito y Pacho, y Lentes nos contó entre sollozos:

—No sé cómo decírselos. Llevábamos los caballos al pasto anoche y de repente pegó el palo que abrigaba el ganado un rayo. Corrieron locos y pisotearon a Nando. Él falleció anoche. Yo lo abrazaba cuando dejó de respirar, y...

No podía seguir hablando. Lo abrazó Luz, y Julito logró decir:

—Se alegraba Nando porque se iba a bautizar. Y ya no tendrá la oportunidad para hacerlo. Pero yo sí; quiero cumplir con este deber ahora más que nunca. Quiero hacerlo ahora mismo para honrar la fe de mi hermano. Más que nunca estoy resuelto a seguir a Cristo, y sé que es lo que hubiera querido Nando.

— ¡Pobre de Nando! –lamentó Chiquillo–. Si uno no se bautiza, se pierde.

Julito se rompió a sollozar amargamente. Lo abrazó Arturo.

—No le haga caso, Julito. El bautismo es para bendecir, no para condenar al que lo falte. Recibió a Jesucristo mi madre, pero murió antes de bautizarse; se lo atrasó el pastor por reglamentos no bíblicos. Pero no la condenó Dios por

Resistir a los diablos que lleguen montados en dólares

el error del pastor. Si uno se pierde, es por su propia rebeldía. Está seguro en Jesucristo su hermano Nando. Ha sido bautizado en el sentido espiritual ante Dios; lo consta 1ª de Pedro 3:21.

Yendo río arriba, me enseñó Arturo una apertura en la falda de la montaña.

–Esa es la boca de la mina vieja de mi suegro. La habitan ahora sólo los murciélagos.

Encontramos a Tornillo y Ponce el alcalde por la orilla del río; examinaban un cuerpo pequeño. Me informó Tornillo:

–Es el niño que llevó el mensaje a Arturo. Es posible que alguien lo ahogó.

Se sentó Arturo con la cara en las manos. Gimió Pacho:

–Cancelemos los bautismos. De todos modos, los iban a hacer muy pronto.

–No Pacho –le exhorté–. Nunca es demasiado pronto para obedecer a Jesús. Impide Satanás que los tiernos se bauticen, porque Dios usa el bautismo poderosamente para asegurarlos; saben que están seguros en el Cuerpo de Cristo.

–Pero Jaime, todavía tienen vicios algunos de estos nuevos, y no han terminado el curso para principiantes.

– ¿Tienen que caminar sobre el agua antes de bautizarse en ella? El bautismo bíblico no es la clausura de un curso para nuevos; es la obediencia a Cristo de los arrepentidos. Es una apertura. Nunca lo dilataron los apóstoles; enseñaron la doctrina básica después.

–Pero quizás se bauticen, y más tarde se embriaguen cuando hay feriado.

–Serían borrachos evangélicos entonces, Pacho. Estando en el Cuerpo de Cristo, podremos tratar la borrachería con gracia y el poder del Espíritu Santo. Así ellos no se apartarán. Pero si no los bautizamos y se emborrachan, se irán y no regresarán. Es un crimen dilatar el bautismo por nuestras dudas; son contagiosas, y desaniman cruelmente a los tiernos en la fe.

Llegamos al pozo. Arturo bautizó a los varones, y Abuelita le ayudó a bautizar a Hilda. Regresando por la ribera del río, Abuelita Ana miró para arriba y exclamó:

– ¡Tan altos estos bellos peñascos! Traigamos a los niños acá para un paseo.

–Me inquietan esas peñas –dijo Luz–. Me da miedo caminar bajo ellas.

5

Perseverar cuando el viejo dragón nos persiga

Desarrollar el discipulado en grupos pequeñas

Yo enseñaba el evangelio a un vecino cuando llegó un desconocido. Sin ningún saludo, se dirigió a nosotros con una voz seria y fuerte:

—Me llamo Lorenzo Guzmán. Soy pastor. Me dicen que ustedes. Recibieron al Señor. ¡Gloria a Dios! Los invito a mi nueva iglesia; ella tiene el verdadero poder del Espíritu. Le falta este poder la iglesia vieja de Arturo Gómez. ¡Aleluya!

Me sentía ofendido por sus palabras, y directamente lo acusé:

—Está robando ovejas usted, Pastor Guzmán. ¿No podrá ser que le falte a usted el poder del Espíritu Santo? ¿No sabe usted que debemos ganar a la gente para Jesucristo sin sacarla de otra iglesia?

— ¿Quién es usted?

—Está actuando como un lobo usted, Pastor Guzmán. No lo puede negar; lo hallé con las manos en la masa.

Me maldijo este supuesto pastor. Se marchó y se metió en la casa de otros discípulos nuevos.

Le conté a Arturo lo que Lorenzo Guzmán hacía, y él me comentó:

—Molestan al rebaño esos tipos y se meten en los grupos para dividirlos. Voy a reunir a los ancianos para tratar cómo resistir a estos pastores falsos.

En la reunión, Pacho le contó al pastor:

—Ayer llegaron a la barbería dos lobos; eran gringos jóvenes con corbatas y camisas blancas. Me invitaron a una reunión. Decían que eran Ancianos. Querían venderme un libro de Joseph Smith. Además, se han quejado algunos nuevos hermanos que llegan a la barbería de que nadie de la iglesia les visita, pero los lobos, sí. Se aprovechan esos ladrones de nuestro descuido, pastor Arturo.

Perseverar cuando el viejo dragón persiga

–Avisó Jesucristo que vinieren los lobos desde afuera y desde adentro de las iglesias, y que se vistieren de ovejas. Hemos de detectarlos antes de que se roben a nuestras ovejitas.

Peló los dientes Colón, y explicó:

–Un lobo tiene boca grande y colmillos agudos para criticar a los pastores genuinos. Así son fáciles de reconocer. Lo importante es que todos los fieles reconozcan a los lobos por la maldad que hagan, ¿verdad, Pastor?

–Sí. La mejor defensa contra los lobos es proteger y alimentar bien a las ovejas en grupitos pequeños que mantengan un ambiente amante.

– ¿Grupos pequeños? –se preocupaba Pacho–. ¿No habrá división si nos dividimos en grupos pequeños, Pastor?

–No, con tal de que cooperen los unos con los otros los líderes. Cuando dirige a un rebaño grande un solo pastor, hay descuido, y los lobos se aprovechan.

– ¿Menciona la Biblia tales grupos pequeños?

–Sí, Pacho. Moisés no podía pastorear a los miles de israelitas en el desierto, y nombró a líderes de mil, cien, cincuenta y diez personas. Podían pastorear atentamente los líderes de diez a cada miembro. Equipó Dios a esos nuevos líderes con los Diez Mandamientos, que fueron la base del Antiguo Pacto.

– ¿No son los Diez Mandamientos la base del Nuevo Testamento, también?

–Ahora no. Antes, regía Dios con las leyes condenadoras. Ahora reina por la gracia. No se basa en la antigua Ley el discipulado cristiano, sino en los mandamientos de Jesús, según su Gran Comisión en Mateo 28. Un buen líder enseña los mandamientos básicos de Cristo que guarda el discípulo obediente.

–Pero no pueden obedecer todo lo que Cristo mandó los grupos nuevos y los líderes nuevos.

–Sí, pueden. Obedecen bien los mandamientos de Jesucristo los grupos de Jaime en la Zanja y en Las Brisas. Por esto, a mí me gustaría reconocer ahora mismo a Jaime como un anciano pastoral.

¿A mí? Me asaltó un ciclón de inquietudes. Compartía Pacho mis dudas:

–Pero Jaime es demasiado nuevo en la fe, don Arturo.

–No es el tiempo del calendario que trae la madurez, sino la obediencia. Jaime ha crecido más en un año de lo que crecen otros en veinte.

Me impusieron las manos los demás, y oraron por mí; sentí el fortalecimiento de Dios. Entonces ordenó a todos Arturo:

–Los grupos de todos ustedes. Van a evangelizar y acoger a los nuevos tal como lo hacen los grupos de Jaime.

Los despidió. Yo quedé para pedirle a Arturo:

–Por favor, explíqueme eso de los Diez Mandamientos; no me había dado cuenta de tanta diferencia entre el Antiguo Testamento y el Nuevo.

Sacó la valija una hoja titulada *Diferencias entre los Dos Testamentos*.

EL PERDÓN
Antes: fue por medio de sacrificio de animales, Heb. 9:6-10; 10:1-4.

Hoy: es por medio del sacrificio de Cristo, Heb. 9:10-11; 10:9-10

LAS RECOMPENSAS
Antes: fueron bienes terrenales y temporales, Deut. 30:15-20.

Hoy: bienes espirituales y eternos, Ef. 1:3; Juan 3:16; Ap. 20:13-15.

LA PRESENCIA DE DIOS
Antes: moraba en un templo material, Éxodo 25-26; 40:35; Lev.16:2.

Hoy: mora en el fiel por el Espíritu Santo, Juan 14:16-17; 1ª Cor. 3:16.

EL MOTIVO PRINCIPAL PARA OBEDECER A DIOS
Antes: eran las reglas duras y el castigo, Dt. 6; 28:15-26; Éx. 20:18-20.

Hoy: es el amor nacido del Espíritu, Jn. 14:15; Ro. 13:8-10; 2 Cor. 3.

EL DÍA PRINCIPAL DEL CULTO
Antes: el 7º día recordaba la vieja creación, Éxodo 20:8-11; Ap. 1:1.

Hoy: el 1º día: Jesús resucitó e inició la nueva creación, Hech 20:7.

LAS NORMAS PARA OFRENDAR
Antes: diezmar (1/10 de la ganancia), Deut. 12:11.

Hoy: dar con alegría lo que se propone de corazón, 1 Co. 16; 2 Co. 9:7.

LA HERENCIA
Antes: fue temporal, guardada por la familia, Rut 4.

Hoy: es una riqueza eterna, fijada por el Espíritu, Ef. 1:3-14; 1 Pe 1.

Cuando regresé a casa, le conté a Luz:

–Me nombraron como anciano pastoral.

– ¡Me alegro, mi amor!

Perseverar cuando el viejo dragón persiga

—También ordenó Arturo a todos los ancianos que dirigieran grupos, y que sus grupos evangelizaran y acogieran a los nuevos.

– ¡Pero qué necedad! No saben hacerlo esos ancianos, ni siquiera Arturo. Él promulga el evangelio no con paciencia, sino como un abogado.

– ¡Luz! No digas eso. Arturo expone correctamente la Palabra de Dios.

—Eso sí. ¡Demasiado correcto! Siempre tiene la razón; gana el debate y pierde la amistad. No escucha a la gente Arturo.

– ¡Has afilado tu cuchilla muy aguda, Luz!

—Vas a ver. ¿Qué enseñará Simón? Él no respeta la Biblia. Pacho sólo mira las faltas de los nuevos hermanos, y Chiquillo difunde sus visiones altivamente.

Nos interrumpieron unos gritos, y fuimos a la puerta. Había recogido Chiquillo a un grupo en la calle. Rugía:

– ¡Dios me mandó un sueño! Sangre corría en las calles. ¡Atacan a la patria los enemigos de Dios! Morirán miles.

– ¡Gloria! ¡Aleluya! –bramó un vecino, y se marcharon todos, riéndose.

—Ya ve –lamentó Luz–. Aún cree Chiquillo que es otro Ezequiel.

—Él ignora el propósito de profetizar en el Nuevo Testamento. No es regañar, sino es edificar, exhortar y consolar, según 1ª de Corintios 14, y urgió Pablo a todos los discípulos hacerlo.

Arrancar las raíces de la amargura

Aquella noche vi a un caballero vestido de galán que escoltaba a Evita en la plaza; usaba botas vaqueras y un chaleco con botones de plata. Se quejaba Evita con él:

—Te han turbado los tragos, caballero. No quiero que me lleves a casa. Buenas noches.

– ¡Al colchón, moza! –la agarró del brazo–. Ganarás más plata esta noche de lo que recibieras en un mes instruyendo a esos enanos en tu escuela.

—No soy una mujer de alquilar, don. Vete.

Él la inmovilizó entre los brazos, y trataba de besarla, pero lo resistía ella empujándolo y bofeteándolo. Corrí a la plaza para apartar al hombre de ella. Me maldijo a voces, y luego me pegó un derechazo inesperado a la quijada, y

¡Qué venga el amanecer!

me caí sin conocimiento. Cuando volví en sí, me estaba dando patadas. Desvainé la pistola, y solo así se marchó. Me levanté con gemidos y tambaleé hacia la caseta. Evita exclamó:

– ¡Pobrecito, mi valiente libertador! Está golpeado. Apóyese en mí.

Me abrazaba, y caminamos hacia la caseta de vigilancia. Nos observaba la avispa por una ventana.

Por la mañana, al regresar a mi casa, yo quería dormir, pero escuché el llanto de mi esposa. No me divulgaba por qué lloraba. Me acosté un rato, y al levantarme, encontré una nota sin firma en la cocina, «La maestra de sus hijos le visita a su marido durante las noches». Traté de explicar, pero Luz no me escuchaba. Tomé mi sombrero, y comenzó la inquisición:

– ¿Adónde vas?

–A visitar a los hermanos de mi grupo.

– ¿Y incluye el grupito a la profesora Evita?

Le había penetrado el alma una raíz amarga, y yo me salí de la casa para escaparla. Encontré a Tornillo reparando la bicicleta de Evita; ella me miró pasar, y salió del taller.

– ¡Mi protector tan valiente! –Me abrazó–. Me rescató anoche.

Cuando regresé a la casa, topé con un huracán furioso.

– ¡Yo te miré! Te estaba abrazando la profesora en la calle, a plena luz.

Se profundizaba la raíz de amargura. Abrí la puerta para escapar, pero me detuvo Luz:

– ¿A dónde vas?

–A la barbería. Pero me quedaré contigo si quieres.

–Vete.

Me fui, y Luz corrió al dormitorio; cayó en la cama, y sollozó.

No estaba el barbero, pero su esposa Abuelita estaba limpiando.

– ¿Cómo está Luz, hermano Jaime?

–Bien. E... Pues, no muy bien. La dejé llorando. Yo no entiendo a las mujeres, Abuelita. Comprendo mejor los caballos.

– ¡Luz no es una yegua! –Me amenazó con la escoba–. Lee ahora mismo los deberes de los esposos en Efesios cinco, vaquero.

Perseverar cuando el viejo dragón persiga

Mientras tanto, llegó a nuestra casa un carro, y el chofer sacó una caja grande. Entró Ávila y le entregó a Luz un papel.

–Esta es una lista para su esposo. Cuenta las faltas de la gente, para que Jaime la censure cuando la evangelice.

Luz luchó para frenar su ira, guardando silencio:

–Mire mi nuevo coche, chica. Mire el forro de cuero azul. Además, Simón me va a construir otra casa más grande, con un gran piano, y una ventana enorme para vigilar todo lo que pase en la plaza.

–Que bien, doña. Es dichosa por tener un marido que la cuida tan bien. Ojalá el mío hiciera igual.

–Usted es la dichosa, porque tiene un marido tan galán. Le echan el ojo todas las damas, hasta la maestra. Abra la caja. Le traje un regalito.

Luz la abrió.

– ¡Es una vaso cerámica grande, con diseños de mariposas! ¡Preciosa!

–Hay rosas silvestres muy bonitas río arriba, cerca de la mina vieja. Podemos plantar una de ellas en la maceta. Venga conmigo, y nos la llenaremos. Traje una pala en el carro para ir de una vez.

Luz no estaba cuando regresé a la casa. Encontré la lista venenosa de pecados del pueblo que la avispa había escrito. En eso llegó Evita agitada.

– ¡Prisa, Jaime! Ávila me acaba de avisar que se perdieron dos niños en la mina abandonada, y usted tiene que ayudarme a rescatarlos, porque usted es el vigilante de los Álvarez.

Tomé mi foco, y nos dimos prisa para llegar a la mina abandonada.

–No se mete a la cueva, Maestra. Ha sido desatendida por muchos años y puede ser peligrosa. Espéreme aquí.

Entré solo a la boca de la mina. Agité polvo con los pies, y tosí. Cuando me acostumbré a la negrura, vi murciélagos colgados boca abajo de las vigas podridas. Me asustó un ruido atrás de mí.

– ¡Maestra! No entre aquí. No hay ninguna huella en el polvo; nadie ha entrado en esta cueva.

Salimos cubiertos de polvo y de tela de araña. Nos limpiamos las caras en el río que fluía cerca, y se expresó Evita:

¡Qué venga el amanecer!

—Me encanta la música de estas cascadas; se ríen las aguas, y bailan entre las rocas. Harían un marco bello para pintar su retrato con acuarelas. ¿Se podría hacer mañana?

—Eso sería imprudente, profesora.

— ¡Con su esposa a tu lado, escrupuloso! Le cuento un secreto, pero tiene que guardarlo bien. He decidido casarme con tu vecino Tornillo, e... pero sólo cuando deje de emborracharse. Él me prometió dejar el alcohol.

—Le felicito, Evita. ¡Qué Dios les bendiga!

Le di la mano para ayudarle a pasar por las piedras resbalosas, mojadas por el rocío de las cataratas. Mientras tanto, Luz y Ávila bajaban de la sierra con la pala y plantas. No las vi, pero Luz sí nos observó.

— ¡Ahí está Jaime! ¿Qué hace aquí con esa mujer?

—No me imagino. Quizás se aprovechan de un pozo solitario río arriba para bañarse tranquilamente.

Luz dejó caer la pala y se corrió; caían a la senda sus lágrimas calientes.

Me preguntó Evita:

— ¿Acaba de oír una carcajada siniestra? Me pegó un escalofrío.

Llegó de noche a la casa Evita; yo no estaba, y ella le preguntó a Luz:

—No llegó a la escuela hoy su hijo Lucas. ¿Está enfermo?

—Está sano, Profesora. E... ¿Fue divertido su baño en el Río Bravo ayer?

—Pero yo no me... ¡Un momento! ¿A qué se refiere, doña Luz?

—Nada. Pues, gracias por su visita, señorita.

— ¡Espere! Hábleme con franqueza, señora.

— ¡Usted bien sabe! No me venga a mentir en mi propia casa.

— ¿Qué? ¿Pleito busca conmigo?

—No es maestra usted sino prostituta; anda seduciendo a los padres de...

— ¡Ay! –Evita le había dado una cachetada a Luz.

Se agarraron del cabello, peleando como tigresas, golpeándose y pateándose. Al separarse, Evita se marchó despeinada y llorosa, y Luz quedó arañada; había llegado al fondo de su alma la raíz de amargura diabólica.

Aquella noche llegó la avispa a la caseta de vigilancia.

—Jaime, ¿leyó la lista de imprudencias de la gente que le preparé?

Perseverar cuando el viejo dragón persiga

–La boté en el servicio sanitario.

– ¡Ingrato!

–Anótelo en su cuadernito.

Regresando a casa en la mañana, la encontré vacía, y la estufa fría. Una nota en la mesa decía: «Llevé a Carlitos y Lucas a otra casa».

Me sentí devastado. ¿Qué le hice a Luz que le provocara tanta amargura? ¿Descuidaba tanto a mi familia? ¿Había otro hombre? No podía dormir, y por fin leí los deberes de los esposos, como me había urgido Abuelita. Decía que debiera amar a mi esposa como a mí mismo, tal como Jesucristo amó a la iglesia y se entregó a sí mismo por ella. Me puse a rogarle a Dios:

–Perdóname tanto fallo, amado Dios. Arranca la raíz de amargura que Satanás ha metido en el corazón de mi esposa, antes de que nos destruya la familia por completo.

6

Resistir al diablo cuando se meta en los hogares

Practicar la vida corporal

Mientras tanto, se reunían los ancianos en el despacho legal, y yo iba a confesarles que por mi aprieto con Luz, ya no podía servir como anciano. Pero me hizo esta pregunta Arturo, antes de que yo pudiera hablar:

–Hermano, han ganado a muchos vecinos para Jesucristo tus grupos. ¿Qué haces para activar a los miembros?

–Los grupos son iglesias. No sólo estudian la Biblia. Cumplen con todo lo que el Nuevo Testamento requiere de una iglesia, hasta los sacramentos.

– ¿Cuántas personas deben reunirse en un grupo?

–Pocas, para que todo miembro pueda conversar y recibir atención.

–Tengo dudas –se preocupó Pacho–. Una iglesia tan chico no puede hacer todos los ministerios que Dios requiere que una iglesia haga, Jaime.

–Estando aislado, no podría. Pero colaboran como un cuerpo las iglesias.

– ¿No fuera mejor reunir a los de los mismos dones espirituales en el mismo grupo? Por ejemplo, ampararía a los pobres un grupo; otro evangelizaría.

Le contestó a Pacho don Arturo:

–Agrupar a la gente con el mismo don sirve para una necesidad urgente, pero una iglesia cabal armoniza los varios dones. Así trata una variedad de necesidades el mismo grupo. Si todos tienen el mismo don, falta equilibrio.

Simón apuntó el gancho hacia el pastor.

–No tengo tiempo para hacer todo esto, le digo. No nos toca a los ancianos dirigir grupos sino sesionar cada mes para regir a la iglesia.

–Pero, Hermano Simón, 1ª de Pedro 5 ordena a los ancianos pastorear a las ovejas. Las alimentan; no sólo las gobiernan.

Otros convinieron con Simón, y Arturo golpeó el escritorio.

Resistir al diablo cuando se meta en los hogares

– ¡Basta! Si ustedes no cumplen con los deberes que Dios les ha fijado, entonces de balde pastoreo al rebaño. Yo ya me voy. Tranquen la puerta cuando salgan.

– ¡Espere! –le rogué–. Sí cumpliré, te prometo.

Afirmó lo mismo Pacho, y Arturo volvió a sentarse. Le contó Pacho:

–No he podido dirigir mi grupo como usted quiere, Arturo. Lentes y Julito se pelean, mi tío cuenta chistes tontos, y las damas no dejan de charlar entre ellas.

Preparar de antemano los cultos hogareños

–Jaime –me preguntó Arturo–, ¿Cómo evitan sus grupos tales estorbos?

–Planeamos actividades que les interesen. Oran los unos por los otros, y por los perdidos. Sirven la Santa Cena. Proyectan planes para dar testimonio a sus amigos. Los adultos y niños presentan historias bíblicas, y hacen preguntas para facilitar la discusión. Por ejemplo, ¿Qué dice esta historia acerca de Dios? ¿Qué dice acerca de nosotros? ¿Qué haremos esta semana para cumplir con el deber?

– ¿No comen juntos? –me preguntó Pacho.

–Es difícil que los pobres traigan comida, y puede llegar a hacerse carga para la congregación. Esto mismo distrajo a los Corintos cuando celebraban la Santa Cena, y por eso Pablo les ordenó cenar en sus casas, en 1 Corintios 11.

Arturo recomendó:

–Pacho, su grupo debe consolar a los que sufran problemas; Ana tiene don para esto. Chiquillo, su grupo puede evangelizar a los mineros.

–No sólo los mineros. A todo el pueblo evangelizaremos.

–Yo no voy a perder mi tiempo con un grupo –declaró Simón–. Con permiso.

Terminó la sesión. Yo le explicaba a Arturo mi problema familiar cuando llegó Colón en El Caribe.

– ¡Me robaron la bodega, Licenciado! ¡Ayúdeme!

– ¿Cómo te llevaron todo un edificio?

–Chuz Ochoa y su hermano Toribio me forzaron a venderlo a los Ingenieros Sociales. Toribio acaba de salir del presidio; es más violento que su hermano.

¡Qué venga el amanecer!

Me cortaron los sacos de café, y me habrían macheteado también, si no hubiera firmado el recibo. Ahora están instalando un letrero «Almacén del Pueblo».

—Legalizó la venta su firma, pero les hablaré para que frenen sus anarquías.

Le avisé a Arturo no ir solo, pero ya había arrancado la moto.

Llegué al trabajo aquella noche sin cenar por tanta preocupación por mi familia. Ávila me llamó.

—Venga, mozo. Oiga. Su amigo Chuz Ochoa le estropeó los frenos de la moto de Arturo, y chocó con un palo, y usted es el culpable porque enredó a la iglesia con esos comunistas. Además, no debe dirigir ningún grupo porque no cuida a su propia familia. Pase buenas noches.

Aumentó mi miseria durante la noche un búho, modulando su canto sombrío. Entré en la mañana a la casa vacía, y ni comí ni dormí. Después de algunas horas, llegó Chiquillo.

—Luz y tus hijos están en mi casa. ¡Tienes que resolver este conflicto!

Corrí a su casa, pero Luz no me quiso hablar. Caminé al despacho de Arturo en busca de consejos. Él tenía muletas, y la pierna enyesada. Le divulgué:

—Luz me ha dejado, don. Se llevó a los niños. No puedo pastorear mis grupos si no cuido a mi familia. No puedo vivir sin Luz.

—Ni yo sin Olga. —Se puso de pie para alcanzar la foto de ella, olvidó la pierna, y se cayó. Le levanté y le pregunté:

—¿Por qué Dios deja sufrir tanto a sus hijos?

—Él castiga a los que ama, para enseñarles paciencia como lo hizo con Job. Nos aseguró Pablo que nuestro sufrimiento no se compara con el gozo que tendremos en la gloria por toda la eternidad. También ganamos paciencia.

Llegaron Chiquillo y Simón, y Chiquillo le participó a Arturo:

—Después de pensarlo bien, hemos convenido. Dirigiremos nuestros grupos. Pero voy a reunir el mío en la capilla.

—En la capilla no. Los grupos llevan a Jesucristo a los hogares.

Se marcharon, y le pregunté a Arturo:

—¿Por qué se imagina que aceptaron los grupos?

—Ellos no pueden permitir que otros ejerzan liderazgo, y ellos no. Quieren dominar todo.

Resistir al diablo cuando se meta en los hogares
Corregir sin condenar

Llegó Ávila al despacho de Arturo para informarle:

–Chiquillo está dando un culto desordeno en la capilla. Ruge como asno, y hace un escándalo. Pensará el pueblo que los que se reúnen allí somos locos.

– ¡Ay! Acabo de prohibirle ocupar la capilla. ¡Caramba! ¿Si los ancianos no me hacen caso, cómo puedo pastorear?

– ¡Precisamente! Usted dejó que Jaime trajera a unos perversos a la iglesia, y la han enviciado. Yo me dedico a corregir los errores, pero no coopera conmigo usted.

–Regañar a la gente no le santifica, doña. Se santifica por la Palabra y la obra del Espíritu Santo. Si usted quiere corregir los errores del pueblo, comience con sí misma. Corrija su hábito de hablar mal de otros.

– ¿Yo? Habla mal de mí todo el mundo. Además, Jaime no puede dirigir ningún grupo porque descuida a su familia. Es el deber de usted prohibirlo.

Pasé la noche desalentado. Yo andaba desorientado en la mañana, cuando vi a Chuz yendo con su perro hacia el Almacén del Pueblo. Le hablé a Faraón:

–Vamos. Voy a entenderme de una vez con ese barbudo pícaro.

La bodega quedaba próximo al Río Bravo. Acercándome, escuché la voz de Fidel Castro por radio; urgía codiciar lo que tenían los ricos. Me atacó el perro de Chuz; Faraón le agarró la garganta y lo sofocó. Entré; Chuz apilaba sacos de maíz encima de fardos, y yo inmediatamente le acusé:

–Usted hizo que el licenciado Arturo Gómez se quebrara la pierna.

– ¡Pobrecito! Le voy a enviar flores.

– ¿Por qué no nos deja en paz? No le molestamos a usted.

–Sí, me molestan, vigilante. Apartan a los socios ingenuos de los Ingenieros Sociales; se hacen santurrones y abandonan nuestra causa tan noble.

–No se apartan de la causa de la justicia. La logran a la manera que Jesucristo ordenó. ¿No le molesta la conciencia hacer tanta violencia?

–Es para cobardes su método tan pacífico, santito. Ándale.

Me abrió la puerta, y miró el perro difunto. Se puso pálido. Tomó el puro, y lo partió en dos, descubriendo un puñal delgado; había un hueco en el tabaco. Con un chasquido la navaja se extendió más.

¡Qué venga el amanecer!

—Ande, vigilante, antes de que le quite las tripas. Si vuelve a meterse con los Ingenieros Sociales, le terminaré.

—Pero Mincho me invitó a reunirme con ellos. Seguiré enseñándoles la verdad.

—No, Jaime García. Absolutamente que no.

—Sí, Jesús Ochoa. Absolutamente que sí.

Quedamos mirándonos cara a cara. Rompí el silencio:

—Habrá un choque fatal entre usted y yo. Algún día. Es inevitable.

—Algún día no. Ya.

Se me acercó con el puñal apuntado hacia mi barriga. Me paralizaba; el pavor me sobrecogía.

—Rece a su Cristo, creyente. Hasta aquí no más durará su vida miserable.

Le agarró el brazo Faraón, y el puñal cayó al suelo. Aparté el perro y alcancé el estilete; lo quebré en dos y boté los pedazos en el río. Le desafié al asesino:

—Bueno, Comandante, ya que no tiene ventaja, sigamos, si no es cobarde.

—¡Bufón! Algún día le terminaré. Seguro.

—No esté tan confiado, Chuz. Jesucristo es mi escudo.

—Su Cristo no lo puede proteger de mí. Su escudo es un mito.

—¿Y el mito dorado de que el socialismo extremo logre un paraíso terrestre? Dondequiera que la gente lo ha abrazado, ha traído miseria.

Volví a la plaza, y vi a Luz entrar al mercado. La seguí, pero me vio y se escondió. Esto me dolía más que si Chuz me hubiera penetrado el corazón con la navaja.

7

Recibir coraje de Dios en tiempos difíciles

Orar en nombre del único mediador entre Dios y el hombre

Me quedé en la plaza, esperando que Luz saliera del mercado. Ávila nos había observado, e hizo prisa para encontrar a Luz. Miré a Lucas esconderse tras un arbusto, y le pregunté:

– ¿Para qué me espiabas, hijo?

–Me envió mi mamá a ver adónde ibas. Llora mucho ella, y dice Chiquillo que Dios está castigándonos. ¿Somos muy malos, papi?

–Jesucristo nos ha perdonado nuestras maldades, hijo.

Tornillo vino en su taxi; lo había pintado de rojo vivo, y paró junto a mí.

– ¿Jaime, te gusta el color? Sobró pintura del camión El Caribe.

–Muy bonito, pero quizás un poco demasiado llamativo.

– ¡Qué gruñón!

–Tú debes arrestar ya a Chuz Ochoa. Me atacó con un puñal sin provocación, y estropeó los frenos de la moto de Arturo Gómez.

–Tendría que pedir a unos soldados que me acompañaran a Las Brisas para detenerlo.

– ¿Puede mi grupo reunirse hoy a las cuatro en tu casa? Hay apuro en la mía.

–Cómo no, compa. Alistaré el tequila.

Salió Luz del mercado, y corrí para hablar con ella.

–Luz, vuelve. Escúchame, por favor. No puedo vivir sin ti.

–Entonces vete a vivir con tu querida profesora. No me mientes; sé por qué sales tanto de la casa.

–Salía para atender a mi grupo.

–Amas sólo a tu grupo, y a mí no. Mejor cásate con tu grupo.

–Luz, vuelve. Haré cualquier cosa que me órdenes.

–Entonces esto te ordeno, pues. Deja tu grupo tan amado, y no vuelvas a dirigirlo. Escoge entre mí y tu grupo.

– ¡Luz, no! Eso no es razonable.

–Con que quieres razón. No haces nada para tu familia. No reparaste la puerta frente a la casa, y los chivos de Hilda me comieron las flores. Siempre nos descuidas por completo.

Estaban jugando en la calle Lucas y Carlitos, y Luz los llevó a la casa de Chiquillo. Quedé gimiendo de agonía.

– ¡Jaime!– e llamaba Tornillo desde su casa–. Son las cuatro. Te estamos esperando. Si no vienes luego, les serviré el tequila.

Luz llegó turbada a la casa de Chiquillo. Se había apagado la chispa de sus bellos ojos, y la hundían en un abismo negro las olas de tristeza.

–No aguanto vivir, Marta. No estoy en condiciones para criar a mis hijos. Te encargo a Lucas y a Carlitos.

–Los cuidaré hasta que te recuperes la cordura, Luz.

– ¡No, mamá! –clamó Lucas–. ¡No me deje aquí con Huesos! ¡Quiero estar contigo y con papi!

–Hice mal, Marta –gimió Luz–. Obligué a Jaime a escoger entre Dios y mí.

Chiquillo la regañó:

– ¡Muy vil! Los dos reciben el merecido castigo de Dios.

–Me arruiné la vida y la de mi familia. Fuera mejor que Dios me quitara la vida.

Recibir coraje de Dios en tiempos difíciles

Regresó Luz a la casa por la ropa de sus hijos. Miró la pistola colgada en la pared arriba del alcance de los niños. Se sentó en la cama y se peinó. Alzó la pistola, y la apuntó hacia la sien. Luego pensó en que el tiro le desfigurara, y la bajó. Una ola de agobio irrazonable la pegó, y volvió a apuntar la pistola.

–Perdóname, amado Dios.

Mientras tanto, Evita asistía al grupito en la casa de Tornillo. Me costó dirigir la reunión; sólo podía pensar en Luz. Le rogué a Colón dirigir, y él pidió a su esposa Hilda dar su testimonio.

–Yo antes guardaba muchos odios. Pero cuando recibí a Jesucristo, él me dio paz y me quitó el rencor. No me salvó por mis buenas obras; no las tenía. Ahora toda mi familia está segura de la vida eterna.

–Pero Hilda –le avisó Evita–, nadie puede estar segura de la salvación.

Me preguntó Tornillo:

– ¿Cuándo dan misa ustedes? Queremos ir, Evita.

– ¡No! –enfatizó Evita–. Somos católicos. Uno no debe cambiar de religión; ella es nuestra madre; nadie puede cambiar su madre.

Yo aclaré:

–Somos católicos también, Profa, pero no romanos. La palabra católica significa la iglesia universal, como en el Credo Apostólico que recitamos.

– ¿Rezan ustedes a la Virgen Bendita?

–No rezamos a los santos de yeso. Ordenó Cristo orar en su nombre. No rindieron culto a María los apóstoles. Cuando faltaba vino para una boda, los siervos pidieron a María mediar con su Hijo. Él no la hizo caso, y ella les dijo que hablaran directamente con Él. «Hay un solo Dios y un solo mediador entre Dios y los hombres, Jesucristo» Ninguna madre usurpa el respeto que su hijo merece. Si están enfermos, ¿a dónde van? ¿Al doctor, o a su mamá?

– ¡Eso es una herejía! ¡Socava el cimiento de nuestra religión!

Se puso el sol, y fui de prisa a vigilar sin volver a casa. Oré:

–Protégeme, Señor. Vine sin mi pistola.

Pasé la noche vigilando en una niebla de tristeza y dolorosa preocupación.

¡Qué venga el amanecer!

Aconsejar y animar a los desalentados

Al llegar a casa en la mañana, hallé a Luz sentada en la cama, como una estatua inmóvil y muda, sus ojos abiertos pero sin ver. Vi la pistola a su lado, y me alarmé. ¿Qué hacer?

Llegó Ana, y le exclamé:

–¡Luz está mal, Abuelita! Está en un trance.

–Déjame verla. Me contó Evita lo que pasó. –Entró al dormitorio.

Tomé una pluma y escribí en mi cuaderno de apuntes: «Hoy renuncio mis cargos con la iglesia. Voy a salir con mi familia al campo donde podemos estar tranquilos». Le llevé la nota a Tornillo para entregarla a Arturo.

–Chuz ya no está en Las Brisas –me informó Tornillo–. Fui para arrestarlo, y nadie divulgaría adónde huyó.

–Ya no me interesa eso. Voy a llevar a mi familia al campo. Chao.

–¡No, hombre!

Pasé un tiempo caminando sin darme cuenta adónde. Cuando regresé a casa, Luz estaba tomando café con Ana. Me contó ella:

–Abuelita me hizo pensar con cordura –me abrazó y enjugó una lágrima–. Ella me explicó las cosas, y ya no hay problema entre tú y yo.

–¡Oh, gracias a Dios! ¡Y tú, Abuelita, mil gracias! ¡Cien mil gracias!

Luz explicó:

–Me desenredó lo que hacías por el río con la profesora. Los celos me habían cegado. Ana me hacía preguntas para sondear la raíz de mis celos. Mi papá había engañado a mi mamá con otra mujer cuando yo tenía nueve años. Me dejó sintiendo insegura, hasta con mi propio marido. No te he mostrado el respeto que Efesios 5 requiere de las esposas. Lo voy a hacer, Jaime. Que me perdones.

Nos abrazamos, y me expresé a Ana:

–Eres una consejera muy sabia, Abuelita.

–Es mi cabello blanco, Jaime. Hace que la gente confíe en mí. Nos enseñó don Carlos en nuestro grupito las pautas bíblicas para aconsejar a los que sufren problemas familiares, y pude aplicar sus enseñanzas.

–Quiero aprenderlas yo también.

Ella me abrió un cuaderno, y yo leí:

Recibir coraje de Dios en tiempos difíciles

CONSEJOS PARA EL CONSEJERO DE FAMILIA

1) Orar por sabiduría para sondear la raíz de un enredo. La primera queja que se mencione casi nunca es la raíz. Es una excusa para echar culpa a otra persona o a las circunstancias. Siga preguntando hasta aclarar la mera raíz.

2) Restaurar la comunicación entre los dos que se pelean. «Hablen la verdad con amor» Ef. 4:15. Escúchense el uno al otro. Cuando haya desacuerdo, pida a cada uno contar su queja en un una sola frase breve. Luego pida a cada uno repetir lo que el otro haya dicho, a pesar de que no esté de acuerdo, para asegurar que lo haya escuchado. Sin escucharse, no llegarán jamás a un acuerdo.

3) Perdonarse. «Perdonar tal como Jesucristo les ha perdonado» Ef. 4:32.

4) Tratar los vicios en un grupo. «Confesarse las faltas los unos a otros», Sant. 5:16. Los miembros del grupo se animan para escapar el mal hábito, y se apoyan durante la semana.

5) Guardar los secretos. No chismear o repetir lo que alguien haya confesado.

6) Tener a otra persona presente al aconsejar a una persona del sexo opuesto.

7) Evitar rivalidad en el matrimonio. El padre de familia es cabeza de la mujer y la ama tal como Cristo ama a su novia, la iglesia; la mujer lo respeta, y se somete como al Señor, Efesios 5.

8) Seguir aconsejando solamente a los que pongan en práctica el consejo. Las personas paranoicas desean ser víctimas; ellos viven en crisis crónica para ganar atención o creerse importante. Hacerles caso puede agravar el problema.

9) Evitar las causas comunes del desánimo. Elías se desalentó y quiso morir por cuatro razones, 1ª de Rey. 19:

Causa física: fatiga. Elías había huido corriendo desde Jezrael hasta Beerseba, más de 100 kilómetros, porque la reina Jezabel lo había amenazado. Dios le alimentó y le dio tiempo para descansar.

Causa mental: ansiedad. Elías había vencido a los profetas de Baal en el Monte Carmelo, pero huyó cobarde cuando la perversa reina declaró que lo iba a matar. Dios lo calmó con una voz apacible y delicada.

Causa social: soledad. Elías neciamente dejó a su siervo en Beersheva y se aisló a solas en el desierto. Dios le envió a Eliseo para acompañarlo.

¡Qué venga el amanecer!

Causa espiritual: soberbia. Elías creía que sólo él quedaba fiel a Jehová. Dios le avisó que 7,000 personas no se habían arrodillado ante Baal.

Yo apunté las pautas, y Ana me mostró otra lista.

—También hay pautas bíblicas para una familia feliz. Se las marcan cuando estén practicando:

- ☐ Perdonar: «no se ponga el sol sobre su enojo», Ef. 4:26. 2.
- ☐ Asegurar al otro de su amor.
- ☐ Dialogar con paciencia acerca de cualquier desacuerdo, Ef. 4:25.
- ☐ Convenir en cómo corregir a los hijos.
- ☐ Convenir en qué se gaste el dinero.
- ☐ Evitar que los suegros se metan para controlar, Gén. 2:24.
- ☐ Orar y meditar en la palabra de Dios todos juntos diariamente.
- ☐ Desechar cualquier conducta que provoque celos.

Llegó el taxi con un estruendo. Entraron Tornillo, y Arturo con muletas.

—El silenciador del coche chocó con una piedra en la calle —explicó Tornillo—. Unos futbolistas la habían colocado para servir de portería.

Me devolvió la renuncia Arturo.

—No la acepto. La escribió estando turbado, sin razonar.

—No sé. Dudo que Dios quiera que yo sea líder sin darme alguna señal clara.

Me hizo frente Abuelita Ana.

—¿Demandas señales, Jaime? Jesucristo condenó eso. Dios ha bendecido tu obra, y le ha restaurado a Luz. ¿Qué más quieres? ¿Qué te visite el arcángel Gabriel con mil trompetas?

Riéndome, rompí la renuncia.

8

Dejar que el sufrimiento le conforme a la imagen de Cristo

Hacer todo lo que Dios requiere de una iglesia

Chuz Ochoa quedó esperando con su rifle, tras arbustos en la falda de la montaña. La luna relucía la capilla, donde los líderes de grupo y sus esposas se reunían con el Pastor Carlos de Arenas; Arturo le había pedido ayudarnos a proyectar planes para multiplicar los grupos. Yo le había pagado el doble a otro vigilante para tomar mi puesto para poder asistir. Pastor Carlos nos explicó:

—Una congregación bien obediente a Cristo y sus apóstoles se multiplicará. Averigüen ustedes lo que cada miembro va a hacer. Coordinan los diversos esfuerzos tal como lo hizo Nehemías, para reconstruir los muros de Jerusalén.

Nos entregó registros de Tareas Vitales del Nuevo Testamento.

¡Qué venga el amanecer!

—Ayuden a los miembros de sus grupos a hacer estas tareas, conforme a los dones espirituales que tengan. Registren las tareas que cada grupo esté cumpliendo. Apunten la fecha por aquellas que el grupo esté practicando.

Evangelizar.
Testificar para Cristo en los hogares, Luc. 24:46-48; 2ª Tim. 4:5
Bautizar a los arrepentidos sin dilatar, Hechos 2:38-42
Reunir nuevas iglesias en los hogares, Hechos 5:42; capítulos 13 y 14
Enviar obreros a gente descuidada, Mat. 28:18-20; Rom. 15:20-21

Organizar.
Convenir en las metas, Filipenses 2:2; Hechos 15:22-31
Dirigir como siervos, no mandones, Mat. 20:25-28; 1ª Ped. 5:1
Servir los unos a los otros, 1ª Cor. 12; Ef. 4:11-16; Rom. 12:3-16
Cooperar los rebaños los unos con los otros, Rom. 12:3-21; 1 Cor. 13

Cuidar.
Vigilar al rebaño y apartar "lobos", Hechos 20:28-31; Tito 3:10-11
Fortalecer la vida familiar, Efesios 5:21–6:4
Corregir sin condenar, Gál. 6:1-2; Mat. 18:15-20; 1ª Cor. 5
Asesorar al que falte corrección, consejo, o consuelo, Ejemplo: Filemón

Orar.
Orar cada familia diariamente, 1ª de Tes. 5:17
Orar por los desamparados y sanar, Sant. 5:13-18; Gén. 18:20-33

Dar.
Ser fieles mayordomos de tesoro y tiempo, Mat. 25:14-30; Luc. 6:38
Auxiliar a los desamparados, Luc. 10:25-37; Hechos 6:1-6; Gál. 6:9-10

Adorar a Dios.
Adorar como cuerpo, y celebrar la Cena del Señor, Mat. 26:26-28
Lograr santidad, conformándose a la imagen de Jesucristo, Rom. 8:2

Hacer discípulos.
Enseñarles a guardar los mandamientos de Jesucristo, Mat. 28:18-20
Capacitar a dirigentes de iglesias hijas, Tito 1:5; 2ª Tim, 2:2

Dejar que sufrimiento le conforme a la imagen de Cristo

Interpretar la Palabra de modo que la practiquen, 2ª Tim, 3:16-17

Cultivar el fruto del Espíritu, Gál. 5:16-25

Opinó Chiquillo:

—Un grupo no cumplirá tantas tareas, sin que el líder lo domine con fuerza.

— ¿Domine o guíe? —le preguntó Colón—. Perdóname la franqueza, Chiquillo. Eres tan mandón que nadie en tu grupo toma iniciativa. Llegas a abusar de tu autoridad, como un león.

Pastor Carlos le rogó a Chiquillo:

—Explicó Jesucristo que un líder en su reino es un siervo humilde. No es tirano como Nerón. No lava la mente del pueblo como lo hizo Mao Tse Tung. No hace promesas huecas como lo hacen muchos políticos. No se aprovecha de una crisis, ofreciendo alivio al que le siga ciegamente, como lo hizo Adolfo Hitler. Más bien, sirve humildemente, guiando a los fieles por su ejemplo.

Por mientras, Chuz esperaba arriba en la montaña. Maldijo una nube que cubrió la luna, oscureciendo la capilla.

—Los miembros de sus grupos harán con gusto las tareas que correspondan a sus dones espirituales. Y trabajarán con aun más empeño cuando ocupen sus dones espirituales de una manea que corresponda a sus habilidades naturales. Sólo los fieles reciben dones espirituales, pero toda persona tiene una habilidad natural. Las aptitudes y talentos naturales de un cristiano influyen la manera en que se utilice bien un don espiritual. Las habilidades naturales comunes corresponden a cuatro animales.

Pastor Carlos nos mostró cuadros de los cuatro animales.

Aclaró Carlos:

—Son perceptivas algunas personas; miran lejos, como águila. Este tipo es creativa, ve lo que otros no ven, y proyecta una visión como lo hizo Isaías. Sin que Dios le guie, se desorienta en las nubes y en los sueños. Si tiene el don de evangelista, quizás lo use por medios artísticos, como drama o poesía.

Enseñó el toro.

¡Qué venga el amanecer!

—Otro tipo es fuerte como un toro; lleva a cabo proyectos difíciles como Nehemías. Sin que el Espíritu Santo lo guie, abusa de la autoridad. Si tiene el don de evangelista, predicaría fuertemente.

Enseñó Carlos el perrito.

—Este tipo se lleva bien con todos, como un perrito juguetón. Evangeliza fácilmente como lo hizo Pedro. Sin que el Espíritu Santo lo guie, la gente lo influye mal y se divierte demasiado. Si tiene el don de evangelista, hablaría fácilmente con cualquier persona.

El anciano mentor enseñó el burro.

—Otras personas tienen la constancia semejante al burro. Procede con perseverancia, y tratan los detalles como Esdras, pero sin que el Espíritu Santo los guie, se ponen tercos, y resisten cualquier cambio. Si tienen el don de evangelista, quizás prepararán tratados del evangelio.

Nos sugirió Arturo:

—Arreglemos ahora para que usemos nuestros dones conforme a nuestras habilidades naturales. Abuelita Ana, ¿cuál tipo es usted?

—Pues, mi primer don espiritual es consuelo, y mi habilidad natural es como el Águila visionaria, Pastor.

—¿Tiene alguna visión nueva para nuestra iglesia?

—Sí. Ya tiempo, he querido planear un paseo alegre para la iglesia allí por el río, e invitar a los niños de la escuela, para testificar de Jesucristo de una manera amistosa.

Estaban de acuerdo los otros, y Arturo definió el papel de cada uno para llevar a cabo el paseo. Dijo a Ana:

—Como águila, usted puede planearla. ¿Y usted, Pacho? ¿Cuál tipo es?

—Comparto algo con el burro que camina con paciencia. Atenderé los detalles y tareas menores del paseo. Pues, usted, Pastor Arturo, tiene la habilidad natural que corresponde al toro, ¿no? Le toca empujar a cualquier persona que no cumpla su tarea.

—Preciso. Pacho. ¿Y usted, Julito?

—¡Guau guau! Soy el perrito juguetón. Traeré risa. ¿Y usted, Jaime?

Yo no sabía, y Luz se rio:

Dejar que sufrimiento le conforme a la imagen de Cristo

—Él es una confusión de los cuatro. Corre en las cuatro direcciones al mismo tiempo.

Me dijo Arturo:

—Jaime, le toca coordinar la obra de todos nosotros, y no sólo para el paseo. Usted va a servir como Coordinador de todos los grupos.

Pacho torcía el extremo del bigote.

—Pero Jaime ha sido un poco peleón. El Coordinador debe ser uno que no ha tenido vicios.

—Todos hemos tenido vicios menos usted Pacho. —Miró el reloj–. ¡Oh! Ya es tarde. Terminemos. Pues, usted es Coordinador de Grupos entonces, Pacho.

Salimos, y yo charlaba con Pastor Carlos por la puerta de la capilla. Faraón olfateó el aire y ladró.

—Silencio, Faraón. Son los murciélagos que sientes. Pastor Carlos, ¿Cree usted que Pacho puede coordinar los grupos?

—Le falta valor para resistir a los tipos abusivos. Los líderes bíblicos eran varones decididos de acción, pero no eran perfectos, como Pacho quería. Hasta Abraham, Moisés y David tenían faltas.

Mira este papayo, Jaime. ¡Crece tanto!

Me incliné para apartar a Faraón del papayo. De repente una bala penetró la pared precisamente donde había estado mi cabeza; y escuchamos el tiro. Nos escondimos en la sombras, pero Faraón corrió hacia el sonido.

—¡No Faraón! ¡No! Ven. Ven acá.

Oímos otro disparo. Seguí llamando, pero Faraón no regresó. Subí entre los pinos, y lo miré con un balazo en la frente.

En la mañana, Lucas quiso saber:

—¿Dónde está Faraón, papi?

—Me da profunda pena, hijo. Anoche alguien lo mató de un tiró.

Lloró amargamente Lucas, y lo abracé. Lo consolé:

—Conseguiremos otro perro igual a Faraón.

—No hay otro igual, papi. Nunca habrá otro como él.

Mostré a Luz el *Registro de Tareas Vitales*, y le expliqué:

¡Qué venga el amanecer!

–Facilita que un líder aclare la tarea de cada miembro del grupo.

–Entonces permítame definirte otro registro, mi amor, las Tareas Vitales Domésticas. La primera es reparar el portón que aplastó Tornillo con el taxi, hace mucho tiempo.

–Sí lo haré, Luz. Pero primero tengo que preparar a Tornillo para casarse.

Fui a buscar a Tornillo, quien me informó:

–Conseguí de Chiquillo una caja de dinamitas. Voy a cerrar la entrada de aquella vieja mina abandonada, para que ningún niño se pierda en ella.

–Fuera bueno.

–Conseguí un libro que explica el uranio y las reacciones nucleares. Te lo enseño, Jaime. Espera.

Entró en la casa. Llegó Evita, y me clavó un dedo en el pecho.

– ¿Todavía le acusa Luz de estar enamorado de mí?

–Ya no, Profa. Eran locuras, puramente.

– ¿Locuras? ¿No había ni siquiera una chispa de cariño? ¡Perdone mi presunción, San Jaime!

Se rio ella, y me plantó un besó inesperado. Venía Tornillo, y lo observó. Botó el libro, y se marchó en el taxi. Corrí para buscarlo en el centro. Lo encontré en un bar. Me senté a su lado y traté de razonar con él:

–Compadre, oye. Con Evita no he tenido nada; ella es tu novia. Ella estaba jugando conmigo, nada más.

– ¡Anda! –Me miró con ojos tristes, y volvió a beber.

Ayudar a los afligidos a confiar en Jesucristo

Íbamos Luz y yo a las bodas en la Iglesia de San Muñoz, y un gentío escuchaba a un señor que gritaba con furia en la plaza.

– ¡Qué pueblo más atrasado! ¡Caramba! ¡Un solo mecánico!

–Cálmese, señor –le imploró Ponce, el alcalde municipal.

–Estoy perfectamente calmo. Ese mecánico me reparó una llanta estando borracho y no apretó las tuercas. Se cayó la rueda y chocamos. Queda internada mi mujer, y el auto está hecho pasta. Busqué a la policía, e imagínese, ese mismo mecánico loco es el jefe de la policía municipal. ¡Ay, caramba!

Hallé a Tornillo en su casa; estaba tomado y lloraba como un niño:

Dejar que sufrimiento le conforme a la imagen de Cristo

– ¡Herí a esa pobre mujer! ¡La herí!

–Dios te perdonará, pero tienes que...

–No me prediques, Jaime. Hice mal. No puedo llevar la religión. ¡Es imposible! Estoy arruinado. Fracasado. Sin esperanza. El alcalde me quitó el encargo de jefe de policía. ¡Soy una desgracia total!

–Tornillo, promete no tomar más. Ni una gota. Promételo ante Dios.

–Te lo prometo.

–A mí no. A Dios.

–Soy un desgraciado, desdichado, degenerado, decaído, disoluto y disipado.

Lo llevé al palacio municipal, para hablar con el alcalde.

–Don Ponce, por favor no despida a Tornillo. Yo le voy a aconsejar y ayudar a dejar de emborracharse.

–Bueno, Señor García, con tal de que él no vuelva a embriagarse en público.

Esperamos la llegada de la novia en la iglesia; ella se tardaba demasiado, y la gente se inquietaba. Tornillo me rogó:

–Se me olvidó el anillo. Por favor irte y traérmelo. Está en la mesa de la cocina.

Fui corriendo. Regresé, y Tornillo me esperaba por la puerta de la iglesia.

–Por amor a todos los santos, tráeme un trago. No aguanto esta espera.

–Prometiste no tomar, hombre. Vamos a ver lo que atrase a Evita.

La hallamos en su casa con su vestido de boda. Tornillo la regañó:

– ¿Por qué demoras tanto, mujer? ¿Qué te pasa?

– ¡El mero día de tus bodas, y te emborrachas! No vas a dejar de tomar nunca.

–Ya te prometí que cambiara

Él trató de abrazarla, pero ella lo empujó.

–No me toques. ¡Terco! Eres primo de ese asno en el corral.

–Primo no, pero seré cuñado cuando nos casemos. Ven.

Ella lanzó el velo de novia hacia Tornillo, y los zapatos. Se echó a llorar.

Volvimos a la iglesia, e informé al Padre Camacho que se habían cancelado las bodas, y la gente se alejó, menos Ávila.

—Vale más que la profesora no se casara con uno tal disoluto. ¡Qué buen jefe de policía! Corrompe al pueblo con la borrachera, y sabotea su propio matrimonio.

Tornillo cubrió los oídos con las manos. Era de balde; la avispa le inyectaba el veneno más punzante:

—Todos saben que Evita visita a Jaime de noche. Adiós, criatura miserable.

Él quedó marchitado. Pateó los vasos de flores, y se fue en busca de lo que le aliviara su insoportable pena.

Pacho llegó preocupado aquella noche.

—Tornillo anda ebrio en absoluto. Lleva dinamita hacia la mina vieja.

—¡Ay, no! ¡Él se va a matar!

Corrí a la boca de la mina, orando cada momento.

—¡Tornillo! ¿Me oyes? ¿Qué haces en esa caverna?

—Cuesta conectarlo en esta negrura. No veo nada. Anda. Viniste para afligirme.

—No te destruyas. Soy tu amigo, Tornillo. Sal de esas tinieblas.

—¿Amigo? ¡Oh sí! ¡Muy amigo de mi novia durante las noches!

—¡Mentiras de esa avispa chismosa! Sal de ahí. ¡Ven!

—Me voy a destruir. Aléjate, si no quieres demolerte conmigo.

—¡No! Ven. Escapa de esa caverna de muerte.

—Vete. Tú me traicionaste.

Entré palpando las paredes en la oscuridad, y sentí el olor de alcohol.

—Me ha destruido el vicio. Ya no hay esperanza. Quítate.

—Jesús te dará poder para vencerlo; lo hizo por mí. Recíbelo en tu corazón.

—He pecado lo demasiado. Me borraré de la tierra, y a ti también si no te sales ya.

—No puedes borrar los pecados así. Jesucristo lo hará. Confía en él.

—Ya he perdido a Evita. He perdido mi oficio. Ahora perderé la vida. La acabaré.

Dejar que sufrimiento le conforme a la imagen de Cristo

—Oye. Jesucristo te acompaña en tu miseria. Está contigo ahora aquí en esta cueva. Recíbelo. Recibe su perdón.

— ¿Cristo, aquí? No entraría en un lugar tan lúgubre. No podría jamás compartir mi deplorable desdicha.

—Sí, la comparte. Yacía en una tumba más oscura que esta cueva, cargado de nuestros pecados. Pero resucitó y venció el pecado y la muerte.

—El diablo se adueña de mi alma. Es el fin. Sal o muere conmigo. Detonaré la dinamita al contar hasta Zero. Cinco. Cuatro. Tres, dos...

— ¡No! te ha libertado Jesucristo. Escúchame, hombre.

—Uno... ¡Ya!

Activó el detonador, y cayó gimiendo:

— ¡Muerto! ¡Muerto! ¡Estoy muerto!

—Cálmate, hombre.

— ¿Jaime? ¿Me acompañaste al infierno? ¿No fuiste al cielo?

—No, Tornillo. Desconecté el cable.

Me senté, y lo abracé. Sentía el temblor de los sollozos que surgían de lo más profundo de su alma. Pasamos horas así, él llorando, y yo orando.

Un pequeño resplandor empezaba a penetrar desde la boca de la mina, y escuché:

— ¿Jaime? ¿Estás todavía?

—Aquí estoy.

—Siento un movimiento en el aire. Un espíritu malo viene para llevar mi alma.

—No. Son los murciélagos. Vuelven para dormir aquí en la oscuridad durante el día.

— ¿Cómo se guían sin luz?

—Chillan, y les guía el eco. El tono es tan alto que nuestro oído no lo capta.

— ¿Puede Jesucristo oír mi súplica? ¿Hasta en esta tumba subterránea?

—Seguro que sí. Él oye la petición de todos los arrepentidos. Pídele perdón.

—No soy religioso. Sólo he rezado a la Virgen Bendita, y a San Muñoz.

—Pídele a Dios en nombre de Cristo salvarte. Te resucitará ahora mismo a una nueva vida.

– ¿Resucitado a la nueva vida? Tu iglesia no recibiría a un perverso como yo.

–Claro que sí, con alegría.

– ¿Hasta esa avispa de Ávila?

–No le hagas caso; ella nos difama a todos. Nadie la toma en serio.

Hubo un silencio; luego Tornillo murmuró algo, y caminó hacia la luz. Estando afuera, parpadeó en el fulgor del sol, y con toda su fuerza anunció al mundo:

– ¡Resucitado!

Retumbó entre los peñascos el eco:

– ¡Resucitado!

Tornillo volvió a entrar en la mina, y regresó con el detonador.

–Apártate, Jaime. Voy a cerrar de una vez esa puerta al infierno.

Tembló la tierra. El polvo se posó, y Tornillo me hablaba pero no lo oía; la explosión me había dejado sordo. Cuando recuperé el oído, le escuché:

–Mira, Jaime. No queda ningún vestigio de la caverna, sólo esos murciélagos muertos. Oye. El pueblo va a saber que yo sigo a Jesucristo. Le pediré perdón a Evita, y repararé aquel automóvil que se chocó por causa de mi descuido. Haré cualquier cosa para mostrar mi fe en Jesucristo.

Quise mencionar nuestro portón que él había demolido, pero decidí que no era el momento propicio.

9

Practicar la adoración genuina, y no la diversión religiosa

Servir los unos a los otros, niños y adultos

Yo esperaba en la barbería cuando entraron dos niños. El mayor rogó:

—Don barbero, favor asignarme un hermano mayor.

—Don barbo —el menor hizo eco—. Sinarme un mano mayor.

—Me hace falta, don barbero —rogó el mayor—. Soy un huérfano espiritual.

—Me hace falta, don barbo —sonó el eco—. Soy huerfo, y no quiero ir al infierno.

—¡Claro que no! —Pacho colocó las tijeras, y tomó su lápiz—. Díganme dónde viven, y mañana sus hermanos mayores llegarán a verlos.

Se lo contaron, y corrieron, gritando de alegría. Le pregunté a Pacho:

—¿Quiénes son los «hermanos mayores»?

—Los niños mayores hacen discípulos a los menores.

Me invitó Pacho a su casa para observar una reunirán de ellos. Los niños actuaban la historia de Elías y los profetas de Baal en el Monte Carmelo. Los chiquitos hacían papeles sin diálogo, imitando los gestos que Lentes hacía, mientras relataba la historia. Todos tomaban parte, hasta Pacho, que era el malévolo rey Acab.

Le exclamé a Ana:

—¡Es una colmena de acción, Abuelita! Ahora nunca se olvidarán la historia de Elías. Y los niños mayores están conversando con los menores, aunque veo que algunos de los hermanos mayores son muy jovencitos.

—Sí, Jaime. Ellos dialogan tal como lo ordena el Nuevo Testamento. El Nuevo Testamento tiene más de 60 mandamientos recíprocos como «enseñar unos a otros», «amonestar unos a otros», «perdonar unos a los otros», y «confesar las faltas unos a otros». Por medio de esta interacción llegan luego a ser hermanos mayores muy efectivos.

—Cuando Pacho actuaba con los niños se alegró; actuó como un joven.

¡Qué venga el amanecer!

– ¡Gracias a Dios! Se hace un hombre muy diferente. Pues, los niños toman una actividad en serio cuando un hombre actúa con ellos. Además, los padres de familia han llegado para observar a sus hijos actuar, y han recibido a Jesucristo. Las obras que actúan son breves, no como las que se presentan para la Navidad. No memorizan ningún diálogo, nada más lo leen; y no usan trajes ni equipo especial.

–Admiro cómo ustedes facilitan e intensifican la educación cristiana, Abuelita.

–Hay que mantenerlo sencillo, Jaime, y pueden actuar una historia cada semana, o cuandoquiera. Lentes les puso hasta los más chiquitos a hacer acciones sencillas, como lo hicieron cuando actuaban la historia de Elías.

–Ya me di cuenta. Ningún niño observaba pasivo; todos tenían una parte en la obra.

–El pastor Arturo nos pidió presentar algunas obras breves a la congregación, para exponer la Palabra de Dios. Tomar parte en la adoración así les asegura a los niños de que sean miembros importantes del Cuerpo.

Ligar doctrina y deber por medio de las historias bíblicas

Me contó Lentes:

–El pastor Carlos nos enseñó a tratar un tema reviviendo tres historias relacionadas, una del Antiguo Testamento, una de la vida terrenal de Cristo, y una del libro de Hechos o las cartas de los apóstoles. Las tres épocas destacaron los respectivos papeles de las Tres Personas de la Trinidad, como los expone esta explicación. Mírela.

El **Antiguo Testamento** destaca a Dios Padre. Revela sus decretos y atributos mediante leyes y actos de poder.

Los **Evangelios** destacan a Dios Hijo. Dios Hijo realiza en la carne los decretos y atributos del Padre.

Hechos luce la obra de Dios Espíritu. El Espíritu Santo aplica la obra de Cristo a los fieles.

–Ahora entiendo, Lentes. Para enseñar una doctrina cabalmente, tocamos su origen en el cielo por Dios Padre, su cumplimiento en la tierra por Dios Hijo, y nuestra práctica en el poder de Dios el Espíritu Santo. Bueno, deme un ejemplo, por favor. ¿Cómo se enseña la doctrina de la santidad así?

Practicar la adoración genuina, no diversión religiosa

—Primero, del Antiguo Testamento: Dios Padre reveló a los israelitas que Él era santísimo, y mandó que su pueble fuera santo. Nadab y Abihú entraron en la presencia de Dios en el Lugar Santísimo del Tabernáculo con un fuego extraño, sin la sangre que Dios requería; las llamas los consumieron y el pueblo reconoció la santidad de Dios. Segundo, de los Evangelios: Jesucristo se sometió a la voluntad del Padre en Getsemaní con perfecta santidad al aceptar morir por nuestros pecados. Tercero, Hechos: Ananías y Safira le mintieron al Espíritu Santo y murieron; los creyentes entonces practicaban la santidad con gran temor.

— ¡Excelente, Lentes! ¿Cómo se tratan los libros sin historias, como Romanos?

—Se basa Romanos en las historias de Adán, Abraham, Moisés, Jacob y David. Los que leyeron esta carta ya conocían aquellas historias. Las recontamos para enseñar Romanos a los nuevos cristianos.

—Parece que la fe cristiana se basa netamente en los eventos históricos.

—De seguro, Jaime. Otras religiones no son así. El islam, el Libro de Mormón, el confucianismo, el budismo y el hinduismo se originaron por los sueños de algunos filósofos. Pero nuestras creencias se basan en los eventos concretos: la creación, la caída de Adán, el diluvio, el pacto con Abraham, él Éxodo de Egipto y la Ley, y así a través de toda la Biblia.

— ¿Cuáles historias sirven para enseñar las doctrinas vitales y básicas?

—El pastor Carlos nos dio este *Panorama Histórico* de las historias importantes. Cada historia se enlaza con la anterior, y con la que sigue. Hacen una cadena continua de causa y efecto, que nos facilita memorizar la cronología. Mira.

La creación, Génesis 1-2. Dios hizo los cielos y la tierra. Lo hizo todo bueno. Formó a Adán y Eva, las primeras personas humanas, que disfrutaban de comunión feliz con Dios en el paraíso del Edén. Pero el enemigo se metió para corromper al hombre y a toda la creación. Efecto:

El pecado original, Génesis 3. Adán y Eva desobedecieron a Dios. Satanás, en el cuerpo de una serpiente, llamado también «el viejo dragón», tentó a

Adán y Eva, y ellos pecaron. El pecado y la muerte pasaron a todos sus descendientes. La maldad se aumentaba entonces hasta ser insoportable para Dios. Efecto:

El diluvio, Génesis 6-9. Dios destruyó a la humanidad corrompida. Ahogó a los rebeldes, y salvó a la familia obediente de Noé en un arca, que era una caja grande. Entonces la raza humana se multiplicó, aumentando su poderío. Efecto:

La torre de Babel, Gén.11. Por vanidad los hombres unidos construían una torre al cielo, y Dios confundió sus lenguas. Las distintas tribus entonces hacían ídolos, dioses falsos de cada tribu. Efecto:

El pacto con Abraham, Génesis 12 – 15. Abraham creyó la promesa de Dios de bendecir a todas las naciones por medio de un descendiente. Pero sus bisnietos desobedecieron a Dios, hasta vender al hermano menor José como esclavo. Efecto:

La esclavitud en Egipto, Éxodo 1 – 18. Los sucesores de Abraham inmigraron a la tierra de tumbas. Pasaron cuatro siglos en Egipto, se multiplicaron, y los egipcios les esclavizaron dolorosamente. Suplicaron a Dios libertarlos. Efecto:

Las plagas y la liberación, Éxodo 12-15. Dios envió a Moisés para mandar al rey Faraón liberar a los hijos de Israel. Rehusó Faraón, y Dios afligió a Egipto con diez plagas. La final era que un ángel mató al hijo mayor de cada familia si no veía por la puerta la sangre del cordero de la Pascua. El faraón dejó salir a los esclavos, pero luego envió al ejército para matarlos. Dios dividió el Mar Rojo, y pasaron en tierra seca. Los soldados los siguieron; las aguas volvieron y los ahogó. La nación se encontró entonces sin gobernación. Efecto:

Practicar la adoración genuina, no diversión religiosa

Los Diez Mandamientos, Éxodo 18 - 20. Dios dio la Ley a Moisés en el Monte Sinaí; grabó en piedra la base de la Ley antigua de Israel, los Diez Mandamientos. Los violaron, y Dios los dejó vagar por 40 años en el desierto donde murieron. Sus hijos temían a Dios, y Él resolvió darles descanso. Efecto:

La conquista, Josué. Josué dirigió el ejército y conquistó las tribus idólatras de la tierra de Canaán que Dios había prometido a Abraham. Cada tribu de Israel recibió una porción de la tierra. Murió Josué, y faltaban líderes. Efecto:

Jueces, Libro de Jueces. Dios envió a jueces para gobernar al pueblo por medio de la Ley. El pueblo la violó repetidamente, y cada vez Dios dejó que los países paganos lo oprimieran hasta que se arrepintieran, y Dios les diera a otro juez, un guerrero libertador obediente a Dios. Faltaban un gobierno central; cada tribu iba independizándose, y el pueblo reclamó un rey. Efecto:

Reino unido, 1º y 2º de Samuel. Los reyes Saúl y David derrotaron a sus enemigos. David y su hijo Salomón animaron al pueblo a adorar a Dios, y Dios prometió que un descendiente del rey David gobernaría para siempre. Dios prosperó la nación obediente, y ella le tenía sincera gratitud Efecto:

El templo construido, 1 de Reyes. El rey Salomón construyó un magnífico templo en Jerusalén, y Dios lo bendijo con su presencia gloriosa. Los sacerdotes sacrificaban animales, y la sangre cubría los pecados simbólicamente. Las muchas construcciones lujosas ocasionaron impuestos pesados, y el rey Rehoboam, hijo de Salomón, los aumentó a un extremo abusivo. Efecto:

Reino dividido, 1 Reyes 12. Por los impuestos injustos, las tribus del norte se rebelaron, y formaron el reino «Israel». El reino «Judá» quedó en el sur. Los dos reinos iban decayendo por causa de la idolatría, pero fue peor en el norte. No escucharan a los profetas que Dios les enviaba. Efecto:

¡Qué venga el amanecer!

Cautiverio, 2 de Reyes 25, Ester y Daniel. Los países paganos llevaran cautivo al pueblo rebelde. En la cautividad los judíos se arrepintieron de la idolatría, y volvieron a Dios. Efecto:

Restauración, Esdras y Nehemías. Dios volvió al pueblo arrepentido a su tierra. Repararon los muros de Jerusalén, edificaron un nuevo templo, y borraron toda forma de idolatría. Malaquías escribió el último libro del Antiguo Testamento. La devoción del pueblo a la Ley llegó a ser un legalismo hipócrita, y la nación decayó. Efecto:

Poderes extranjeros. Las naciones paganas dominaban a los israelitas durante varios siglos que la Biblia no menciona. El libro de Daniel había profetizado que los imperios de Persia, Grecia, Siria y Roma rigieren a los judíos. Éstos los resistieron con sangrienta rebeldía. Abrazaban reglas triviales y tradiciones vanas, pero Dios guardó un resto fiel que esperaba el prometido Mesías. Efecto:

La vida terrenal de Jesucristo, los Evangelios. El Hijo de Dios nació y vivió entre los hombres. Venció demonios, perdonó pecados, curó enfermos e introdujo su reino espiritual. Dejó que Roma reinara políticamente. Mucha gente seguía a Jesucristo, pero muchos líderes le tenían envidia odiosa. Efecto:

Crucifixión, Lucas 23. Arrestaron, juzgaron falsamente, y mataron a Jesucristo como si fuera criminal. Los líderes religiosos lo acusaron de blasfemia, porque afirmaba que era Hijo de Dios. Murió por nuestros pecados, y fue sepultado, pero Satanás no podía guardar al inocente Santo de Dios entre los muertos. Efecto:

Resurrección y ascensión, Lucas 24. Jesucristo resucitó al tercer día, y prometió resucitar a vida eterna a todos los que se arrepintieran y creyeran en El. Se

Practicar la adoración genuina, no diversión religiosa

mostró vivo y en la carne a muchos, y ascendió al Padre en el cielo. Comenzó la época del Nuevo Testamento, y los fieles quedaron en Jerusalén esperando la promesa de Jesucristo de enviar al Espíritu Santo. Efecto:

Pentecostés, Hechos 2. Dios derramó al Espíritu Santo, el vicario de Cristo en la tierra, para morar en los corazones de los fieles. En el día de Pentecostés en Jerusalén, proclamaron a Jesucristo milagrosamente en idiomas de muchos extranjeros. 3,000 se bautizaron aquel día, y nació la iglesia de Cristo. Efecto:

Obras de los apóstoles, Libro de Hechos. Llenos del Espíritu Santo, los discípulos de Jesucristo recontaron su muerte y resurrección, y las iglesias se multiplicaron como el grano que Jesucristo había explicado en las parábolas. Sembraron el evangelio en distintos países, y muchos murieron como mártires. Hasta hoy el número de cristianos sigue aumentándose.

Leí la lista tres veces, y así memoricé fácilmente la cronología, porque cada evento efectuaba el próximo. Gané una comprensión panorámica muy preciosa de la historia sagrada.

El cielo derramaba lágrimas sobre el pueblo infeliz cuando yo regresaba a casa; evadiendo los charcos hondos. Tornillo venía en la moto de Arturo. Paró, y me contó:

–La armé para que Arturo la manejara con la pierna enyesada. Móntate. Voy a entregársela.

Tornillo pasó cerca de los dos ancianos jóvenes que usaban corbatas, salpicándoles las camisas blancas. Tornillo gritó:

– ¡Olé!

Corrió veloz Tornillo; topamos un charco, y nos caímos en el barro.

– ¡Olé! –nos mofaron los dos ancianos jóvenes.

Llegamos embarrados al despacho con la moto, y Arturo me rogó:

¡Qué venga el amanecer!

—Móntese. Vamos a la mina. Tengo que hablar con Chiquillo antes de que vuelva a ocupar la capilla para dar esos cultos desordenados. Se lo voy a prohibir. Él ya entregó los fondos de la tesorería a Simón porque renunció como tesorero y como anciano. Simón llegó así a ser tesorero sin autorización.

Subiendo la montaña por el camino empinado, nos paramos tres veces para dejar enfriar el motor de la moto. Al llegar, encontramos a Chiquillo sentado en una caja de dinamita. Él no quería escuchar a Arturo. Me entregó una linterna, y bajamos en un ascensor grande y ruidoso. Caminando por los intestinos oscuros de la mina, Arturo le rogó a Chiquillo:

—Escuche, hermano, por favor. Sus cultos confunden a la gente, y nadie ha recibido a Cristo.

—Paciencia, Licenciado. Pronto verá lo que traiga el gran poder de Dios.

—Me cuesta andar con muletas en este piso rocoso. Mejor les espero aquí.

Chiquillo y yo seguimos. Pasamos a Aarón de los Ingenieros Sociales; llevaba una caja de dinamita. Jadeaba, y Chiquillo lo reprendió.

— ¡Apúrate, holgazán!

Aarón dio prisa; una roca lo tropezó, y la caja se cayó. Chiquillo rugió:

— ¡Hijo de Belcebú! ¡Nos volarás! ¡Abraza esa caja como si fuera tu novia!

—Pero pesa, jefe. Y el aire en esta caverna está viciado. No soy bestia para cargar tanto así.

Amar y perdonar a los enemigos

Llegamos a una anchura donde almacenaban los taladros y otro equipo. Un pasillo lateral tenía el avisó, PROHIBIDO ENTRAR A PARTICULARES.

— ¿Está por ahí una veta de plata, Chiquillo?

—No hay plata aquí. No sé por qué Simón quiere volar esta roca, y no me explicó por qué ha bloqueado ese pasillo. Espérame aquí un minuto.

Se marchó, y por curiosidad, entré el pasillo prohibido. Aarón me miró.

— ¡Cuidado, hombre! No se aventure por ahí. Se perderá.

Me hizo aún más curioso su palabra, y empecé a explorar. En un peldaño hallé un aparato *Contador de Geiger,* y un talonario con columnas, *Magnitud* y *Sitio*. Escuché pasos, y apagué la luz. Caminé de regreso ciegamente; nunca había sentido las tinieblas tan palpables. Una piedra floja me tropezó, y me caí. Me cegó una luz. Escuché el chasquido de una pistola, y una voz enojada:

Practicar la adoración genuina, no diversión religiosa

–Adiós, insensato.

Arrojé una piedra hacia la luz, y el disparo no me dio. El estallo entre las paredes del pasillo estrecho me ensordeció. Los escombros caían por la vibración, y distrajeron al guarda. Me lancé contra sus piernas; cayó, y el foco se apagó. Resonó otro disparo, dándome un zumbido doloroso en la cabeza. Vi otro destello, y aferré el cañón de la pistola; me quemaba la mano pero no me arriesgué soltarla. La torcí y me la gané; con ella golpeé la cabeza del guarda que cayó. Mis ojos ardían por el hediondo humo de los tiros, y yo luchaba para respirar. El guarda gimió:

–No me mates. Yo sólo cumplía con las órdenes.

Él encendió un fósforo; vi que sangre le brotaba de las narices. Dentro de mi cabeza vibraban los latidos como de un tambor gigante. Le hablé:

–Te perdono, pero sólo porque Dios ordena perdonar a los enemigos.

–No soy tu enemigo. Misericordia me tuviste, amigo.

–Tampoco soy tu amigo. Dé gracias a Jesucristo por la misericordia. Él ordenó perdonar a otros tal como Dios nos ha perdonado a nosotros.

Oyó Chiquillo los tiros y acudió a donde estábamos. Puso al guarda en una carretilla, y lo llevó hacia arriba. La mano quemada me ardía, y mis pulmones me dolían por haber hecho tanto esfuerzo sin oxígeno suficiente en la caverna subterránea. Llegamos adonde Arturo nos esperaba, y le pregunté:

– ¿Para qué sirve un Contador de Geiger?

–Detecta el mineral radioactivo; se usa para la energía nuclear y las bombas.

Guardar buen orden en la adoración

Regresamos al pueblo, y Arturo me entregó un candado.

–Por favor, tranque la capilla. Yo no puedo; me duele demasiado la pierna.

La tranqué, y tomaba un refresco en una tienda enfrente cuando Chiquillo llegó con sus seguidores. Probó el candado, y envió a un joven para traer una barra. Arrancó la cerradura, y entraron, alabado a voces.

– ¡Tanta gritería! –comentó la dueña de la tienda–. Le hablan a Dios con sus demandas tan enojadas. No entiendo esa manera de celebrar un culto.

–Avisó el profeta Amós que Dios odiaba el celebrar sin hacer la justicia.

– ¡Oh! usted es uno de ellos. Perdóneme, señor.

Crucé la calle y observé la confusión y alarido; Chiquillo imprecaba a voces:

—Dios todopoderoso, derrame fuego sobre el diablo que trancó tu casa.

—Soy yo el diablo que puso el candado.

—¡Ay! —Una joven se alejó de mi—. ¡Entonces subió del infierno, demonio!

—Dios prohíbe celebrar un culto tan descontroladamente —les avisé—. El apóstol Pablo ordenó a los Corintios controlar sus espíritus.

Salieron apenados, pero Chiquillo siguió predicando a los bancos vacíos.

Regresando al barrio La Zanja con Chiquillo, le exhorté:

—Deja tu fanatismo, compa. Tu gritería en voz enfadada no mueve a Dios.

—Ven a mi casa, Jaime. Quiero mostrarte algo.—Fui con él, y me mostró una vara tallada rústicamente en forma de una serpiente. Lo alzó y tronó—: ¡Es la vara de Moisés! Ahora todos van a saber quién es el profeta en Los Murciélagos. ¡Aleluya!

—¡No, hermano! Los dones de Dios no son para mostrarse a sí mismo.

—Dios reconoce los esfuerzos que hago, que tú menosprecias, Jaime.

—No evaluemos nuestros esfuerzos por el denuedo con que los hacemos, sino por los efectos tales como las vidas trasformadas, las iglesias nacidas, y el alivio de los sufridos. Ustedes hacían gran ruido; todos gritaban cosas diferentes. Pablo instruyó a los Corintios hacer culto decentemente y con orden.

—Nos exhorta el último Salmo hacer gran ruido para alabar al Señor.

—Sí, pero con la música.

—Todos van a ver que sólo yo tengo el poder del Todopoderoso.

10

Laborar en obediencia a la única Cabeza de la iglesia

Apreciar el misterio del pan y vino

—Papi—me preguntó Lucas—. ¿Por qué beben sangre en el culto?

— ¿Sangre?

—Quiere decir la Cena del Señor —explicó Luz.

—Bueno, antes de nacer Jesucristo, las familias llevaban corderos al templo para adorar a Dios. Los ataban en el altar, los imponían las manos y confesaban sus pecados. El sacerdote le cortaba la garganta a la oveja, y la sangre salpicaba el altar.

— ¡Uy! ¡Qué feo, papi!

—Sí. ¡Siempre había olor a sangre, estiércol y humo! Entonces quemaban la víctima.

— ¡Qué repugnante! —exclamó Luz—. ¿Eso era la adoración divina? ¡Imposible!

—Sí era. Nuestros pecados repugnan a Dios, y tienen que ser cubiertos por la sangre de una víctima inocente. Esto no ha cambiado. Hoy es lo mismo.

Me jalaba la camisa Lucas.

—Papi, llevemos un cordero al culto. Doña Hilda los cría. Porque he pecado.

—Jesucristo es nuestro cordero, hijo. El ya cubrió tus pecados con su sangre cuando sufrió en la cruz. El Apóstol Pablo explicó que la copa de la Cena del Señor es una comunión con su sangre. Jesucristo afirmó, «Esto es mi sangre».

Luz parecía pensativa.

—Jaime, ¿no es el pan sólo un símbolo?

—Es un símbolo, pero no digamos «sólo» un símbolo; es mucho más. Un símbolo destaca la realidad que indica; en la Santa Cena, indica la muerte de Jesús que quita los pecados. 1ª de Corintios 10:16 lo aclara. El símbolo usado con fe lleva el mismo poder que la realidad que simboliza. Además, celebrar el sacramento en memoria del sacrificio de Cristo también restaura el honor de Dios; los hombres ya lo habían deshonrado por su rebelión e incredulidad. ¿Entiendes, Luz?

—No mucho, Jaime.

—Bueno, Luz, si firmo un contrato y más tarde lo quiebro, no puedo esquivar diciendo que la firma sólo era un símbolo. El símbolo no distrae de la realidad que simboliza, sino la afirma. Tomar el pan y el vino es participar en el sacrificio de Jesucristo y recordar su muerte, según 1ª de Corintios 10.

—Siento la presencia de Jesús cuando recibo el pan y la copa. Algunos dicen que el pan se transforma, pero somos nosotros los que faltan la trasformación. Otros me han dicho que el rito sólo era la cena que los fieles comían juntos.

—En el principio cenaron juntos, pero los corintios valoraban más el arroz con pollo que lo sacramental, y Pablo les ordenó comer en sus casas.

Se me acercó Lucas.

—Papi, no entiendo la Cena del Señor, pero ahora sé que es importante, y voy a apreciarla cuando la sirvan, aunque no la reciba todavía.

Me rogó Luz:

—Trata estas cosas con tus hijos, Jaime. Pasa más tiempo con ellos.

—Muy bien. Hoy me quedo con mi familia. No salgo.

Pero al terminar de hablar, Tornillo llegó, y me rogó:

—Ven. Evita me está haciendo preguntas sobre la salvación que no puedo explicarle.

—Acabo de prometer a Luz quedar hoy con ella y los niños.

—Evita se casará conmigo si puedo convencerle, pero me cuesta. Ven.

Me empujó Luz hacia la puerta.

—Ándate. Esta vez te dispenso.

Fui con Tornillo, y encontramos a Evita paseando de un lado a otro nerviosamente. Me contó ella:

—De veras Tornillo ha cambiado. ¡Y por completo! Me trata como si yo fuera su reina. Admiro su devoción, pero no la alcanzo. ¡Me hace sentir tan pagana! Me urge recibir a Cristo como lo haría una niña, pero no soy niña.

—Tornillo, cuéntale a Evita sencillamente cómo recibiste a Jesucristo en tu corazón, no por tus propias obras, sino por fe, solamente.

Laborar en obediencia a la única Cabeza de la iglesia

−Evita, sabes que Jesucristo murió por nuestros pecados y resucitó. También prometió perdonarnos por pura gracia y darle vida eterna a todo pecador que lo recibiera por fe. Yo traté de componerme por mis propios esfuerzos y fracasé.

−Eso sí −convino Evita.

−Pero Cristo me compuso. Yo lo dejé hacerlo; me rendí de corazón. Confía en Él, Evita. Abraza su gracia como un regalo, no come una recompensa por tus obras.

Ella cubrió la cara con las manos, y esperamos.

− ¡Lo hice! ¡Como niña! Recibí a Jesús adentro. ¡Nada me ha sido más difícil, y nada me ha sido más fácil!

Secó sus lágrimas, y abrazó a Tornillo.

−Casémonos el sábado. Yo sé que nos puede ayudar a arreglar una pequeña cena, Jaime.

Volví a casa y anuncié:

−Los ángeles están cantando de alegría en el cielo; Evita se ha arrepentido.

Lucas corrió afuera y miró arriba, escuchando.

Llegaron para las bodas muchos conocidos de Evita y Tornillo, curiosos por ver los cambios que Cristo había hecho en ellos. Durante la cena en el patio de la casa de Tornillo, entró Lucas para informarme:

−Un gigante con una cicatriz fea te busca. Está afuera. Ten cuidado, papi.

Mincho tenía el perro blanco, Lamelatas, ya más grande, que había peleado con Faraón en Las Brisas, en la montaña. El gigante me tendió la correa.

−Le traigo a Lamelatas. Es suyo, Jaime. Le falta protección.

− ¡No, Mincho! Es suyo. A usted le falta protección también.

−No tanto como usted. Sé por qué se lo digo. Vigila cuidadosamente durante las noches. Ha jurado Chuz que le va a eliminar. Y no vuelva usted a Las Brisas.

−No iré allá, con tal de que usted venga acá para adorar a Dios con nosotros.

Escuchamos a Tornillo y Evita dar sus testimonios. Él afirmó:

−Dedicaremos nuestras vidas a servir a los desamparados en nombre de Jesús.

Mincho me apretó la mano.

–Sí, Jaime, con gusto vendré a adorar a Dios con ustedes.

19. Reconocer las limitaciones de la democracia
     en la gobernación de iglesia

Después del siguiente culto, nos exigió Simón tener una sesión de negocios. Allí acusó a Arturo:

–Usted nos rige imperiosamente. Además, le falta la ordenación para oficiar el sacramento, e impide la venta de la propiedad de la iglesia que nos traería enormes beneficios. Lo vamos a retirar por votación democrática.

–Ya tratamos esto, don Simón. Hermanos, ustedes están despedidos.

–Esperen, les digo. Usted no puede negar el votar, Licenciado. –Alzó un documento–. Los estatutos de la iglesia prohíben que usted oficie Comunión, porque no es ordenado. Tampoco puede evitar que votemos democráticamente.

–El reino de Dios no es una democracia, don. Haremos lo que nuestro Señor Jesucristo manda. Él es Rey y Cabeza de la iglesia, no usted.

–Tampoco lo es usted, Licenciado. La Junta de Ancianos tiene la voz máxima, y la congregación tiene que aprobar los asuntos legales como la venta.

Asió Arturo los estatutos, y los colocó arriba de la Biblia.

–Simón, usted pone las reglas del hombre arriba de los mandamientos de Dios. Voy a servir la Cena del Señor, porque nuestro Rey y Cabeza Jesucristo la ordena. Si la mayoría votara por desobedecerlo, sería pura rebeldía contra Dios.

Laborar en obediencia a la única Cabeza de la iglesia

Entonces Arturo colocó la Biblia sobre los estatutos. Antes de poder explicar, Simón agarró los estatutos, y los alzó.

–Dios rige en el cielo, pero nosotros regimos aquí. Aprobemos la venta. Levanten las manos los que la favorecen. ¡Ya!

Sólo Chiquillo y los Álvarez votaron a favor. Chiquillo sacó la Vara de Moisés desde bajo del banco; la alzó, y se marchó imprecando:

– ¡Señor de las Batallas, derrama fuego! ¡Destruye a tus enemigos!

– ¡Ay! –gimió Hilda–. No volveré nunca a ninguna sesión de negocios.

Chiquillo marchaba por la calle agitando la Vara de Moisés, y rugiendo amenazas. Asustó a una mula que corrió, derramando las sandías de una carreta.

–Vuelva acá, Chiquillo –le llamó Arturo. –Tengo algo que decirle.

El gritón recogió un trozo de melón y volvió, escupiendo las semillas.

–Usted ya no dará cultos en la capilla –le ordenó Arturo–, sin que yo los autorice.

–Le es ilegal prohibirme, don. La mayoría de los miembros me apoyan.

–Lo dudo. De todos modos, Éxodo 23:2 prohíbe al líder del pueblo de Dios seguir la mayoría. En nuestro caso, ella ignora los hechos.

Pasando por la casa de Tornillo y Evita, Luz exclamó:

– ¡Mira! Evita ha sembrado unas rosas hermosas. Tornillo ya corrigió el letrero del taller, y quitó los autos oxidados. ¡Oh, mira! Viene el cura.

Evita salió para acoger a Padre Camacho, y él la amonestó:

–Mi hija, ya días no asiste a la misa. Dicen que se convirtió a otra religión.

–A otra religión no, señor Camacho, sino a Jesucristo.

–Da más razón permanecer en la iglesia de sus padres, la iglesia original.

—Quizás la culpa era mía, don, pero durante sus misas y festivales yo dirigía mi devoción a los santos, que son de puro yeso, y no a Jesucristo, el Dios vivo.

—Mi hija, por autoridad de la Santa Iglesia, le prohíbo andar en esas aguas negras del protestantismo. Vuelva a la única iglesia autorizada por Dios.

—Con respeto, Padre, esto es curioso. Cuando yo me emborrachaba y andaba mal, usted nunca me corregía. Pero ya que sigo a Jesucristo, usted me regaña.

Llegó a la caseta de vigilante aquella noche Mario Ordóñez, el nuevo capataz de los vaqueros de Simón. Hacía tiempo que no se había rasurado, y olía a tabaco rancio.

— ¿Tienes un cigarrillo?

—Ya no fumo, Mario.

Se marchó, pero a medianoche regresó tomado.

— ¿Vigilante, conoces tú a ese mercenario Chuz Ochoa? Acabo de conocerlo. No conozco a mucha gente en este pueblo. Soy un antisocial. Vengo solamente para ahogar mi miseria con la botella.

—Hay remedio, Mario. El Señor Jesucristo.

—No quiero ningún remedio. Apostamos ese Chuz y yo a quién pudiera beber más. Yo le gané, Jaime. Gané fácilmente. Sí. Discutimos cuál había matado a más gente. El me ganó. Es bien malo ese hombre, pero no tan malo que yo. Yo le gano en maldad. Oye. Él juró fusilarte. Te odia. Guarda los ojos pelados, hombre. Chao.

Yo siempre guardaba el foco encendido, y esa noche registraba las sombras a mi alrededor. En la mañana entré en la tienda del primer piso de la gran casa para comprar unas pilas, y le pregunté a Simón:

— ¿Está progresando el grupo que usted dirige?

—No sé. La doña lo dirige. Dicen que usted se mete con ese Mincho Medina.

—Es un amigo.

Me apuntó con el gancho. Lamelatas gruñó, y lo bajó.

—Ese sedicioso alborotado trata de organizar a los mineros; quieren exigir tanto pago que me hundirían la empresa, le digo.

— ¿Cuánto valen las pilas, don?

Laborar en obediencia a la única Cabeza de la iglesia

Recibir gratuitamente la gracia sobreabundante de Dios

Yo vigilaba de noche cuando llegó Mario otra vez, para charlar. Le conté:

–Encontré unos caballos salvajes cuando me estaba escapando de Chuz Ochoa al otro lado de Monte Platal. Podríamos atrapar algunos. ¿Quieres acompañarme?

Hallamos los caballos, y los conducimos por una angostura. Atrapamos el gran caballo gris, y admiré la diestra de vaquero de Mario. Aferramos otro, y los demás huyeron. Regresando al pueblo, Mario echó una moneda en el aire.

–Llámalo por el gris; cara o cruz.

–Cruz.

Perdí, y Mario acarició el gran caballo.

–Este magnífico animal me vale un dineral. Para mí la plata es lo más valeroso, además del whisky.

–Lo más valeroso es Cristo que murió y resucitó para darnos vida eterna.

–He cometido demasiados pecados para alcanzar esa vida. Me contento con esta.

–Nadie queda más allá de la gracia de Dios, Mario.

–No conoces mis crímenes, compa. Falta la gracia para perdonar tantas vilezas.

–Jesús vino para buscar y salvar al perdido.

Mario encendió un cigarrillo, y no conversamos más hasta llegar a la plaza central. Él se apuró para comprar una botella, y yo cuidaba los caballos. Algunos hombres admiraban el gris; se lo acercaron y se hacía arisco. Mario regresó tomado, y se jactó de que pudiera domar el gran caballo tan bravo, montado a pelo. Apostó contra algunos, y se montó. Solté el gris que corcoveó con furia y tumbó a Mario. Probaron otros, pero también los arrojó. Mario maldijo la bestia y pagó las apuestas. Exclamó:

– ¡Gira como un remolino! Si yo no lo puedo domar, no lo puede nadie.

–Yo sí puedo –Todos me miraron–. Un vaquero experimentado puede domar cualquier bestia.

–Apostemos entonces, Jaime –me desafió Mario–. Dómalo y rodea la plaza antes de ponerse el sol, y cambiaré este gris por el tuyo. Te quedan unos pocos minutos.

¡Qué venga el amanecer!

Las apuestas llegaron a diez a uno contra mí. Yo no aposté. No había corral, y metí el gris en la pocilga de cerdos que criaba Simón. Agitando un lazo, lo hice correr en círculos. Dejó de correr, y me quedó mirando. Le hice frente, mirándolo tal como una yegua hace con un potro insumiso. Luego tomó un paso hacia mí. Le hablé suavemente. Acaricié el pelo de su crin, y me recosté en su lomo, poniéndole un poco de peso.

Observaban muchos, y pusieron apuestos. Me monté, y la bestia se estalló; corcoveaba y giraba como ciclón. Mi sombrero faltaba correa y cayó en la suciedad. En seguida me junté con el sombrero, y los hombres se rieron. Monté otra vez, y el gris me arrojó de nuevo. El sol se acercaba al horizonte, y lo monté a pesar de los dolores; otra vez ese demonio me tumbó. Volví a montar, y lo dominé lo suficiente para rodear la plaza. El sol se puso, y me aplaudieron. Mario se rio:

–Es un caballo evangélico; te obedece humildemente. Valió lo que perdí para ver tu proeza. Eres testarudo, Jaime. Mereces el resto de mi whisky. Tenlo.

–Con gusto; me servirá de linimento para las magulladuras.

Seguía enseñando el gris los pasos, y Simón me recordó que era hora de vigilar. Pasé la noche usando ropa aqueresada por la pocilga. Cuando salió el sol, yo y el gris nos bañamos en el río.

–Ya que eres famoso –le comenté al caballo –, no te conviene andar descalzo y sin peinar. Vamos al salón de belleza.

El herrero le raspó los cascos y le puso la herradura, mientras yo lo cepillé. Con imperiosa condescendencia la noble bestia toleraba las atenciones. Lo monté, y se mostraba ufano de ser civilizado. Quise probarlo, y le di un toque con el talón. Con un salto convulsivo entró en un galope tan veloz que me tuve que apretar el sombrero. Pasando el taller mecánico, Tornillo me gritó:

– ¡Vaya! ¡No lo creo! Corre como relámpago.

Oyó Lucas, y repitió:

– ¡Relámpago! –Así recibió el hermoso caballo su nombre.

Respetar la cultura y las sensibilidades de los creyentes tiernos

Me llamó Arturo a una sesión en su despacho con Pastor Carlos, Pacho y Julito. El anciano mentor le informó a Julito:

–Su pastor Arturo me pidió dirigir esta sesión. Buscamos información, Julito. Según lo que opina, ¿por qué asisten muy pocos jóvenes a los cultos?

Laborar en obediencia a la única Cabeza de la iglesia

Julito echó una ojeada nerviosa hacia Arturo. Éste le urgió:

–No importa que me critique, Julito. Hable con franqueza.

–Bueno. Pues, los cultos nos aburren. Queremos cantar himnos de otro estilo, y... perdóneme, Pastor... Usted predica unos sermones muy largos y difíciles de entender. No hay chance de hacer preguntas para aclarar el tema.

– ¡No, hijo! –exclamó Pacho–. Los jóvenes deben acostumbrarse al mismo estilo de culto que celebraron sus padres. ¿Verdad, Pastor Carlos?

–No siempre, hermano. Les toca a los padres y abuelos hacer cualquier sacrificio para guardar a sus hijos y nietos en el rebaño de Cristo. De mi parte, prefiero los himnos viejos, pero tal nostalgia puede perjudicar el futuro del rebaño.

–Papá –le rogó Julito–, ¡no inflijamos al oído de Dios esa música tan fea!

Quedó boquiabierta Pacho, y Carlos se rio: Explicó:

–Julito, lo que le suena feo es bello para otras personas. Pacho, cuando hay diferentes preferencias entre los viejos y los nuevos seguidores de Jesucristo, les toca a los maduros conceder a los débiles, según Romanos 14. Es decir, para que nuestras viejas preferencias no fastidien a los débiles, los maduros debemos aceptar un poco de sufrimiento. Además, lo que desean los jóvenes es muy bíblico: música viva, y diálogo como ordenan los muchos mandamientos que mencionan los «unos a otros».

Pacho tiró de su bigote por un momento.

–Tiene razón.

–Gracias, Julito –concedió Arturo.

Hicieron algunos cambios en el culto. Compraron una guitarra, un piano eléctrico, y formaron una batería. . Odiaban el órgano los jóvenes, pero Ávila insistió en guardarlo, hasta que, gracias a Dios, alguien se lo robó.

Ya tiempo Abuelita Ana había arreglado el paseo por el río, bajo los altos peñascos que ella había admirado. Esperábamos hasta que el rio no fluyera con la tanta furia, que le había dado su nombre «Río Bravo». Yo iba para ayudar a Pacho a limpiar el sitio, pero Luz me detuvo:

–Antes de irte, corrige a Lucas. No quiere usar los anteojos que le compré.

Lo amonesté con firmeza. Yo caminaba hacia el sitio del paseo, cuando dos soldados me detuvieron. Uno me acusó:

¡Qué venga el amanecer!

—Usted se ha metido con los subversivos. Venga. Tendremos que llevarlo a la delegación militar.

Me puyó con el rifle. Lamelatas le iba a desgarrarle la garganta, hasta que lo contuve. Una niña nos miraba, e informó a gritos a todo el mundo:

— ¡Criminal! ¡Miren! ¡Llevan a un criminal! ¡Vil criminal! ¡Fusílenlo!

Me interrogó un sargento:

— ¿Con quiénes ha tratado la política usted?

—En varias casas, sargento. Todos discuten lo que hace el gobierno. Eso no es ningún crimen.

— ¿Dónde complotan contra nuestra patria los revolucionarios?

—Supongo que en Habana.

Me golpeó la boca otro soldado. Luego me suspendieron en el aire y me azotaron. No les divulgué nada, porque le había jurado a Mincho ante Dios no revelar lo que hacían los Ingenieros Sociales. Apretaron un neumático sobre mi cara para quitarme la respiración, y me avisaron:

—Menee la cabeza cuando esté dispuesto a contestar.

Perdí el conocimiento. Arturo había visto a Lamelatas por la puerta y entró. Solo por eso me quitaron el hule. El sargento me avisó:

—Ándale. Suerte tiene, que su amigo es abogado.

11

Hacer primero lo que manda Cristo

Server los unos a los otros, entre discípulos e iglesias

Caminé río arriba hacia el paseo. Yo había visto el sitio desde arriba cuando viajamos por la senda a Las Brisas. Había venido Pastor Carlos de Arenas para gozarse del paseo con nosotros; comía tamales con Colón e Hilda. Lucas saltaba piedritas planas sobre el agua. Cuando me miró, vino corriendo.

– ¿Papi, tengo que usar los anteojos?

–Tienes que acostumbrarte a ellos. Cuando nades, guárdalos en un lugar seguro.

–Mírame, papi.

Corrió, y se lanzó en el río desde un peldaño alto. Otros niños lo miraban, y, claro, tenían que hacer lo mismo.

Escuché un retumbo, y miré hace arriba.

– ¡Apártense! –les grité–. ¡Caen las piedras sobre nosotros! ¡Apártense!

Las rocas venían aflojando a otras más, y el deslizamiento iba acrecentándose.

– ¿A cuál dirección vamos, Jaime? –aullaba Pacho.

– ¡Hacia arriba, los que están junto a Pacho! ¡Abajo, los demás! ¡Ya!

Me lancé en el río para rescatar a una niña que había caído, y nos llevó el rio. La avalancha cubrió el sitio. Cuando cesó el rugido, traté de llamar a Luz, pero tosía demasiado por el polvo. Los chiquitos lloraban atemorizados. Pacho quedaba río arriba con otros dos niños, y le grité:

–Tráelos nadando. Sostenlos con un brazo. ¡Ya!

–Pero pueden caer más piedras. Todavía veo moverse algunas.

–No vacile. Alguien provocó este derrumbamiento; las rocas vinieron de dos partes distintas de la senda. Puede impulsar otro deslizamiento.

Quedó paralizado Pacho. Nadé arriba contra la corriente, y tomé a un niño; Pacho tomó al otro, y la corriente nos llevó. Salimos, y cayeron más rocas, pringándonos de lodo.

Vi el gorro de piel de zorrillo entre las rocas. Se había golpeado Pastor Carlos. Lo levanté y lo apoyé, ayudándole a caminar hacia los otros que nos esperaban.

– ¡Jaime! –Se alarmaba Luz–. ¿Dónde está Lucas?

– ¡Lucas! ¡Lucas! –Corrí arriba, gritando hasta ronquearme.

Escuché una tos, y vi a Lucas en un peldaño al otro lado del río. Crucé la corriente, trepé donde estaba, y lo abracé.

–Hijo, ¿por qué no escapaste con los demás?

–Volví por los anteojos. ¿Si yo hubiera muerto, tendría que usarlos en el cielo?

Regresamos al grupo, y me alardeó Pacho:

–Este es un hombre de valiente decisión, como David. El debiera coordinar los grupos, y no yo.

–Eso sí –convino Arturo–. Pacho, le nombramos a usted, porque no habías tenido vicios. Jaime es como el rey David; había cometido delitos, pero los confesó y los dejó. Jaime, usted va a coordinar los grupos y los líderes.

Aquella noche escuché voces en la casa de los Álvarez. La madre de Ávila la visitaba; estaba sordita, y tenían que gritar. Chillaba ella:

–Hija, pon a San Muñoz boca abajo en el armario, y no le des vuelta hasta que les otorgue ese terreno.

–Y pon una plaga a esa Luz de García. Yo era más bella que ella a su edad.

Sonó un estallido por la calle; desvainé la pistola, y corrí para ver. Una llanta vieja del taxi de Tornillo se le había reventado.

–Jaime, vine para que me asesoraras: ¿Debo aceptar una beca para estudiar la teología en la capital? Me pagaría los gastos doña Ávila. Según me avisó ella, no debo pastorear a ningún grupo sin un diploma. A todos los líderes nos faltan diplomas. El problema es que yo tuviera que dejar mi grupo por mucho tiempo.

–Piénselo bien. ¿Por qué quiere Ávila retirarte del pueblo? Se opone a los grupos, y quiere controlar a la iglesia a su manera. Pero, sí, a los líderes nos

Hacer primero lo que manda Cristo

falta capacitación; ya días he pensado eso. Podríamos pedir al pastor darnos un curso.

En la próxima reunión de los líderes de grupo, le expliqué a Arturo:

—Nos falta capacitación para el liderazgo. Denos un curso para esto, por favor, Licenciado.

—Eso no me toca. He fallado mucho como líder, y ahora el Pastor Carlos está golpeado.

Pacho recomendó:

—Quizás el Reverendo Amós Núñez pueda darnos el curso. El pastorea la iglesia de mi primo en la capital, y es un conferencista muy famoso.

Convenimos, y le pedí a Pacho invitarlo. Entonces les exhorté:

—Nos toca ayudar a los grupos a cumplir con las tareas vitales del Registro que nos dio el Pastor Carlos; así nuestros grupos serán iglesias satélites cabales.

Colón lo dudaba:

—A mi grupo le faltan los dones para hacer tantas tareas, Jaime.

—Claro. Un solo grupo pequeño no tendría todos los dones espirituales para hacer todo lo preciso. Por esto, los grupos se ayuden los unos a los otros, colaborando. Un solo cuerpo forman.

Entró Ávila sin saludar, nos entregó un papel, y se marchó. Lo leyó Arturo, «El Lic. Arturo Gómez y Jaime García han colaborado con los criminales insurrectos. Los infrascritos demandan que la iglesia los excluya. En el caso que reúse, los denunciaremos ante al gobierno.»

Llevaba firmas de algunos ganaderos.

—No le hagan caso —Nos urgió Arturo—. Son mentiras.

Capacitar a líderes para activar a la gente

Llevé en la lluvia a Luz a la primera sesión del curso para líderes. Pasábamos una casa cerca del templo, cuando observó Luz:

—Mira. Chiquillo ha trepado esa escalera para clavar ese aviso.

«Iglesia Dibina Rebelacion del profeta Ezequiel Rivera».

Nos informó Chiquillo:

—Acabo de alquilar esta casa. Ahora el pueblo va a ver el fuego celestial.

¡Qué venga el amanecer!

Llegó Ávila en su carro con un señor de traje ostentoso, y anunció a la gente que venía llegando:

—Les presento a nuestro maestro, el destacado Reverendo Amós Núñez.

Núñez nos saludó de una manera aristócrata. Se le acercó una niña que gritó:

– ¡Miren! ¡Zapatos blancos! ¡Qué elegantes!

– ¡Cuidado, niña! –gruño el caballero– No me embarres. Pues, damas y caballeros, mi nombre es Amós Fernando Núñez Castillo, para servirles. Ahora sí, la obra de Dios florecerá en este humilde pueblo.

Amós Núñez saludó a las damas con una caballerosidad exagerada. Tomó la mano de Luz entre las suyas; Lamelatas gruñó, y la soltó. Exclamó Núñez:

– ¡Ah! ¡La reina de Los Murciélagos! Sólo una reina posee tanta belleza.

—Estamos listos para el curso, Reverendo –le dije–. Pero en esta lluvia no.

El curso consistía en largas sesiones durante cinco días. Núñez también pasaba mucho tiempo con Simón en su casa. Llegó El Pantero, y Amós habló con él por varias horas. Cuando terminó el curso, Núñez ofició una ceremonia de clausura. Luz se acercó para recibir su certificado, y él la tomó de la mano. Anunció:

—Me he enamorado del pueblo de Los Murciélagos. Me quedaré unos días más para un proyecto de provecho para todos, patrocinado por el señor Pantero.

– ¿No me va a dar el certificado, Reverendo Núñez? –le preguntó Luz.

– ¡Oh! Perdona. Ahora me es un honor anunciar que el señor Pantero propone establecer aquí un seminario teológico al nivel de licenciatura. Yo seré el presidente del seminario, y emplearé a ustedes que les falten empleo, para construir aulas y mantener los edificios, e... con sueldos muy generosos.

—Pero Reverendo Núñez –objetó Arturo–, tal seminario es para bachilleres. Los residentes de este pueblo y las aldeas no calificarían.

—Tales detalles se arreglarán. El Pantero sólo pide que ustedes le vendan ese pedregal inútil.

Llegaron a mi casa a la mañana siguiente Arturo, Pacho y Abuelita Ana. Me informó Arturo:

—El Rev. Amós enseñó elocuentemente, pero no explicó nada de provecho para los líderes. Jaime, sus grupos florecen; son iglesias pequeñas y cabales;

Hacer primero lo que manda Cristo

usted sabe dirigir y movilizar a los líderes. ¿Podría dar usted otro curso práctico para equipar a los líderes?

– ¿Yo? Me faltan los zapatos blancos.

– ¡Con seriedad, mi amor! –Luz me pegó una bofetada.

–Soy burro para hablar en público.

Se rio Pacho.

–Me encantan los burros. Tengo tres. Sí te toca, Jaime.

Luz le comentó a Abuelita:

–Ojalá que Jaime no descuide a su familia al trabajar tanto con sus grupos.

Le rogué a Abuelita:

–Ayuda a Luz a lograr el mismo empeño que yo, para la obra de Dios.

– ¡No, vaquero! No exijas a Luz a hacer todo como lo haces tú. Dios le ha dado otros dones. Tu instruyes a tu grupo servir a los otros miembros; haz lo mismo con tu familia. Ella es el grupo que debes cuidar primero.

Se fueron, y aseguré a Luz:

–Voy a pasar más tiempo con mi familia. Te lo prometo.

– ¡Gracias a Dios! E... ¿Ahora repararás el portón que tumbó Tornillo?

–Lo haré ahora mismo.

Pero no hallé clavos, y mejor me acosté. Decidí dejarlo para otro día.

Edificar los unos a los otros

– ¿Para qué colocaste las sillas en un círculo? –me preguntó Colón cuando empecé el curso para líderes en la casa de Tornillo.

–Facilita el dialogo. El Nuevo Testamento exige hablar los unos con los otros.

–Pero con tanta libertad, nosotros los ignorantes podríamos introducir algún error.

–Es mejor sacarlo a la luz, hermano Colón. Se expone, y podemos corregirlo. Así el error no sigue infectando sin que el líder sepa. Es mejor corregir un error en privado. Si es necesario corregirlo en público, hágalo con una sonrisa.

–No conversan los de mi grupo como ordena la Biblia. Habla uno demasiado, y no les da chance a los demás.

¡Qué venga el amanecer!

—Expresa al grupo: «Quiero escuchar a alguien que todavía no ha participado». Si el labioso sigue dominando, corrígelo, Colón. Si es sincero, recibirá la corrección con gracia. Si no lo es, vale más perder un miembro abusivo que hacer sufrir a todo el grupo.

– ¿Cuántos deben asistir a un grupo pequeño, para ser una iglesia cabal, Jaime?

—El número que pueda expresarse con libertad. Doce adultos, quizás. Para no salir de ese número, debemos empezar nuevos rebaños. Así dejamos que se multipliquen los rebañitos como hicieron en el Nuevo Testamento.

– ¿No puede un grupo tan chico aislarse y desviarse de la sana doctrina?

—Sí, Colón. Pero evitamos este problema al dar mentoreo a cada nuevo líder. Y cada iglesia hogareña debe vigilar el progreso de sus iglesias hijas.

– ¿Puede un grupo hogareño tan pequeño iniciar iglesias hijas?

—Es fácil, Colón. ¿Dónde viven los parientes de los miembros de tu grupo?

—En varias aleas. Yo me crie en el caserío El Olvido; allí tengo amigos.

—Iré contigo para ayudarte a iniciar las primeras dos o tres iglesias hogareñas en ese lugar. Serán las hijas de tu iglesia hogareña. Tú capacitarás a los líderes por el mentoreo, tal como yo te he preparado a ti. Les demostrarás el trabajo pastoral mientras trabajes con la gente, haciéndolo de una manera que te puedan imitar. No uses equipo o métodos más allá del alcance de tus aprendices.

Se preocupaba Pacho:

– ¿No cuesta mucho tiempo tal mentoreo? Los líderes pueden prepararse en talleres como éste que usted enseñe.

—Usaremos los dos métodos. Un mentor facilita hacer planes y tratar problemas; los nuevos líderes tienen necesidades urgentes que trata el mentor. No todos pueden asistir a los talleres, pero sí, pueden recibir mentoreo.

– ¿Cuántos líderes aprendices deben juntarse a la vez con un mentor, Jaime?

—Pocos, Pacho. El mentor escucha el informe de cada uno, y le ayuda a proyectar lo que su iglesia hará antes de la próxima sesión con el mentor.

—Entonces, pocos recibirán mentoreo.

—Al contrario. Los aprendices capacitan a otros, que capacitan a otros más por cadena, como en 2ª de Timoteo 2. Así muchos reciben instrucción.

Hacer primero lo que manda Cristo
Reconciliase los adversarios

Se marchaba bien todo por un mes; pero luego llegó Arturo para informarme:

–Simón ha reunido a los ganaderos en la capilla, sin permiso. Venga por favor. Vamos a hablar con él.

Amonestó Arturo a Simón:

–Usted ha ocupado el templo para intereses propios, y sin permiso.

–Yo doy más ofrendas a la iglesia que todos los demás, que me da derecho de disponer los negocios de ella. Arturo, usted me ordena como si yo fuera empleado. Dejen de oponerme ustedes, o publicaré que usted y Jaime se meten con los subversivos.

Llamó Simón a los ganaderos a otra reunión en la capilla, y asistí para observar. No quiso admitirme Simón, pero los demás sabían que yo antes era ganadero, y me acogieron. Mario se sentó atrás, fumando. Hablaba al grupo Simón cuando miró entrar a Mincho, y se quedó boquiabierto.

– ¿Por qué vino acá, Benjamín Medina? Nadie lo invitó.

–Vine a escuchar la santa Palabra de Dios –Se sentó e inclinó la cabeza.

Hizo gestos Simón a Mario, y se sentó éste detrás de Mincho. Le acusó Simón al gigante:

–Forma usted sindicatos con elementos criminales. Intentaron ellos matarme, le digo.

–Y bien lo habrían logrado si yo no les hubiera organizado. No vine a tratar estas cosas con usted, don, sino para avivarme la fe.

–Le digo lo que es mi fe, Mincho. Dios me da lo que tengo, le digo, y ningún sindicato me lo quitará. No pertenece a este grupo usted.

–Entonces me voy. –Mincho puso dinero en el altar–. Aprecio lo que la iglesia hace por los desafortunados.

Simón arrojó los billetes en el piso e hizo un gesto a Mario. Éste le golpeó a Mincho en la cabeza desde atrás con el mango de su pistola. Cayó el gigante al piso, y Mario le dio unas patadas. Mincho le agarró el pie, lo tumbó, y le quitó la pistola. Dobló el puño el gigante; luego suspiró profundamente, y se calmó.

¡Qué venga el amanecer!

–Oiga, Simón –le rogó Mincho–. En vez de hacer violencia en la presencia de Dios, hagamos un acuerdo. Usted es dueño de la mina y jefe de la asociación de ganaderos. Yo tengo influencia con los trabajadores. Entre los dos, podemos parar el derramamiento de sangre. Aquí ante Dios, hagamos el acuerdo.

–Prefiero morir primero.

–Usted no paga a sus empleados lo suficiente para alimentar a los suyos. Deles un salario justo, y no le fomentarán ningún problema. Cesará la violencia.

– ¿Usted me acusa de violencia? ¡Mire este brazo! ¡Mírelo, le digo! ¿Olvida cómo lo perdí? ¡Salga, le digo! –Temblaba de furia Simón–. ¡Salga!

Se arrodilló Mincho, le pidió perdón a Dios, y salió. Los ganaderos salieron sin hablar. Miraba Mario el dinero en el piso, y Simón lo empujó bruscamente.

–Limpia esa sangre.

Cuando acabó mi vigilia nocturna, yo iba a salir, pero llegó Mario con otro hombre para hablar con Simón. No capté lo que decían, pero la cara de Simón expresó un odio furioso. Los dos pistoleros se montaron y cabalgaron hacia Las Brisas. Corrí al potrero y monté mi caballo en pelo.

–Corre, Relámpago. Como nunca. Tengo que alertar a Mincho.

Corrió adelante Lamelatas; llegó a una curva y gruñó. Desmonté e investigué; sentí aguardiente. Vi a Mario y su compañero tomando de una botella. Até el caballo y trepé la montaña a pie entre las rocas. Hallé a Mincho en su casa con la cabeza vendada.

– ¡Caramba, Jaime! Me prometió no volver acá.

–Pero es que Mario y otro bandido vienen para matarlo.

Metía cartuchos en mi pistola, cuando escuché a Mario.

– ¡Mincho Medina! Le traje un aviso del alcalde.

–Mentiras –le avisé al gigante–. No veo a su compañero.

Gruñó Lamelatas; luego corrió hacia la puerta de atrás. Se había metido el otro asesino, y apuntaba la pistola hacia Mincho. Lamelatas brincó, y le agarró el brazo; el disparo no dio. Mincho aferró al intruso y lo llevó afuera donde lo arrojó por una pendiente rocosa. Gimió con dolor el bandido.

– ¡Mario! ¡Socorro! Estoy quebrado. ¡Mario!

Hacer primero lo que manda Cristo

Se montó Mario, y fue a mirar al caído; pero lo dejo abandonado, y se fue. El asesino se arrastró a su caballo, pero no lo pudo montar. Le ayudó Mincho, y el herido se fue.

–Volverá Mario, –le advertí a Mincho–, quizás de noche, y usted está herido. No puede quedarse aquí; venga a mi casa.

Por el camino, yo le pregunté:

– ¿Si aquel asesino le hubiera matado, habría estado preparado para presentarse ante Dios?

–No sé, Jaime. Pues, yo amo al prójimo. Bueno... no a todos mis prójimos.

–Jesucristo es la única puerta al cielo. ¿Confía en Él para su salvación?

–Me toca organizar a los mineros, y habrá violencia. No puedo menos.

Al llegar al trabajo aquella noche, le acusé a Simón:

–Intentó matar a Mincho usted. No puedo seguir más en su empleo; esta noche es la última.

–Hice mal, Jaime. Me cegó la ira. No volveré a atacar a Mincho, le digo. Siga vigilando, le ruego. Usted es el único con quien me siento seguro.

–Lo haré, con tal de que me dé su palabra que no incitará más violencia.

Me lo prometió. Hacía mis rondas, y escuché la voz áspera de Simón al pasar una ventana:

– ¡No, Amós! Ya traté de persuadirles con plata, y se pusieron más tercos. Destaque los beneficios para ellos del seminario teológico, y votarán a favor.

En la mañana, divulgué a Arturo el complot que involucraba el propuesto seminario. Me avisó:

–Despreocúpese, Jaime. ¿No soy abogado? Prepararé una defensa.

Proveer educación pastoral a todo nivel

Fui con Luz a una sesión para tratar la venta. Llegó Carlos; renqueaba por el golpe que había recibido del derribe por el río. Acusó Pacho a Amós Núñez:

–Usted trajo a esta sesión a algunos miembros que ya tiempo no asisten a los cultos ni saben lo que pasa. Les prometió beneficios si votaran a favor suyo.

–Sí, porque yo tengo la razón.

Luz me tomó del brazo, y se me expresó;

–Me preocupo, Jaime. No podrá impedir la venta Arturo. Soñé anoche con un dragón. Atacó a un pastor de ovejas; iba a tragárselo, y me desperté. No vi el final.

–Ahora lo verás. ¡Pobre del Pastor Arturo!

Abogó Amós muy elocuentemente por el propuesto seminario. Concluyó:

–Proveerá una educación de excelencia el seminario teológico. Votemos ya.

–Todavía no–Arturo ayudó a Carlos a ponerse de pie, y le preguntó:

–Pastor, ¿cómo se educan los que no llenan los requisitos de un seminario?

Antes de contestar, el anciano pastor abrazó a Amós.

–Reverendo, usted expuso bien los beneficios de un seminario. Estoy de acuerdo. Yo asistí a un seminario, y aprendí bien la Biblia y el trabajo pastoral, aunque pudieran haber proveído más mentoreo práctico.

–No hay problema, don. Usted dirigirá el mentoreo en el nuevo seminario, con un sueldo bien adecuado.

–Tienen su lugar los seminarios, pero Los Murciélagos no lo es. Casi nadie tiene el bachillerato para inscribirse. Pastor Arturo y los pastores en estas aldeas se han capacitado bien por el mentoreo hasta ahora, Rev. Núñez.

–Por esto tienen tantos problemas la iglesias, Pastor Carlos –se rio Amós.

–Los estudiantes de un seminario deben suplementar los estudios con trabajo práctico en las congregaciones que ocupen a pastores asistentes. Sólo en ciudades grandes hay suficientes iglesias para recibir a tantos aprendices.

Presentó Arturo a otro pastor:

–Chacón Murillo ha pastoreado con éxito en Los Robles; ha iniciado iglesias hijas y nietas. Pase, hermano.

–Buenas tardes hermanos –El campesino le dio la mano a Arturo, Carlos y Amós, y se expresó al grupo–. Mi rebañito les manda a todos ustedes un saludo cariñoso en Jesucristo.

Le preguntó Arturo:

–Pastor Chacón, ¿podría usted estudiar en un seminario académico?

–Sólo crucé dos años de escuela, y por eso no lleno los requisitos. No puedo ir lejos para estudiar; ordeño mi vaca todos los días, atiendo mis labranzas y

Hacer primero lo que manda Cristo

cuido a mi pequeña manada de cristianos. Ningún pastor en nuestras aldeas se califica, don.

– ¿Cómo se ha capacitado usted, hermano Chacón?

–Me adiestra el hermano Lentes; me trae estos breves estudios–Sacó uno de la bolsa de su camisa–. Me capacita tal como lo hicieron los apóstoles de Jesús.

– ¿Le ha dado Dios a usted el don espiritual para pastorear?

–Pues, yo llevo a las ovejas a los pastos verdes. Una va de vaga y dejo a los noventa y nueve y la busco. Les enseño a los pastores nuevos tal como me enseña a mí Lentes. Pues, parece que nuestro Señor Jesucristo me ha dado el don, y mi hermano Lentes me prepara bien, por la gracia de Dios. No quiero que cambien la manera de prepararnos. Nos sirve perfectamente bien, Pastor Arturo.

Votamos, y se rechazó la venta. Saliendo, le preguntó Luz a Amós:

– ¿Regresa usted ahora a la ciudad? Seguramente le hace falta a su esposa.

Mostraba un odio maligno la cara de Amós.

–Yo voy a enderezar este pueblo infeliz antes de regresar a mi casa, señora de García.

Cuidar a la familia

–Hoy cumple años Carlitos –me recordó Luz al próximo día–. Ha preparado Lucas una celebración para su hermanito menor, y quiere que tomes parte.

– ¡Ay! ¡Se me olvidó! Ya tiempo le prometí a Lentes acompañarle a Los Robles. Chacón ha arreglado una reunión con los pastores de esa zona.

–Sólo piensas en tu trabajo, no en tus hijos, ni tampoco en tu esposa.

Cuando regresé de Los Robles, poco me hablaba Luz. Me hundieron en una niebla de desánimo las viejas dudas. Comencé a desatender a los grupos, y a la familia también. Se fijó Tornillo, y siguió el modelo de su maestro; descuidando también a su grupo.

Fui a la plaza central para escapar las miradas acusadoras de Luz. Vino Mario y se sentó conmigo sin hablar por unos minutos. Luego soltó unas palabrotas.

–Me da asco Simón. No se ensucia las manos; me pone a mí a hacer sus vilezas y violencias.

¡Qué venga el amanecer!

—Yo pensaba que te encantaba la violencia, Mario.

—Sólo estando tomado. Mira, viene Toribio Ochoa, hermano de Chuz. Cuidado.

—¡Ola, caballeros! —Alzó Toribio una botella, y se sentó con nosotros—. ¡Mis amados enemigos! Celebremos nuestra enemistad tan agradable.

Me ofreció la botella. Rehusé, y él se puso de pie.

—¡Me menosprecia! Nadie rehúsa tomar conmigo. Soy Toribio Ochoa.

—No quiero pleito, Toribio. Es que yo he dejado de...

Me interrumpió rugiendo profanidades.

—¡Cobarde soberbio! Póngase de pie.

Una oscuridad de furia me cegó con ira irrazonable, y me puse de pie. La gente se congregaba, y Pacho vino corriendo.

—¡No, Jaime! No hagas escándalo. Arruinarás tu testimonio.

Le acusé a Toribio:

—Usted es un animal salvaje. Lo bajaron de un palo y le enseñaron a hablar porquería con esos labios mugrosos.

Me atacó como fiera; se había adiestrado con artes marciales en el presidio. Mario anunció a voces:

—¡Pelea! ¡Vengan! Apostemos. Diez a uno contra el evangélico pacífico.

Giraba Toribio, dándome patadas, y latigazos con las manos. Me caí varias veces, y el gentío se rio. ¡Qué derrota más vergonzosa! Me fui a casa tambaleándome, aturdido y adolorido; la mano de Satanás echaba su sombra sobre mí.

Hacer primero lo que manda Cristo

Se alarmó Luz:

– ¡Estás todo golpeado!

Me marché al dormitorio, y pronto escuché el chillido de la avispa:

– ¡Qué escándalo! Los vi por la ventana. Jaime buscó pleito con un borracho.

Ávila se fue, y sentí la moto de Arturo. Abrí la ventana para escapar, pero él entró primero. Oró por mí, y Luz le avisó:

–Parece estar muy agotado, pastor; tiene que descansar, hermano.

–Se me exige combatir a los abogados del Pantero. Hermano Jaime, le traje un estudio sobre la familia, de Efesios 5 y 6. –Lo sacó de la valija.

–Déjeme en paz. No quiero estudiar –cubrí la cara con la sábana.

Arturo se fue, y Luz me quitó la sábana.

– ¡Tan rudo! Escucha las pautas que el estudio indicar para lograr una familia feliz: 1ª) El esposo ama a la esposa a sí mismo. 2ª) La esposa se somete al esposo como al Señor. 3ª) Los padres crían a los hijos en la disciplina del Señor sin provocarles a ira. 4ª) Los hijos obedecen a sus padres.

Quedé meditándolo. Lucas lo había escuchado, y entró:

–Sé que te he desobedecido, papi. Voy a tratar de obedecer.

Luz se secó una lágrima, y afirmó:

–A mí me toca someterme con más respeto. Trataré de hacerlo, Jaime. ¿Y tú?

–Me he portado como necio. Ahora cumpliré con los deberes de un padre cristiano, con la ayuda de Dios.

Restaurar al caído sin dilatar

Los ancianos llegaron con Arturo para tratar mi delito. Ávila acompañaba a Simón, y demandó:

–Merece Jaime un castigo severo, por lo menos un año excluido de la iglesia, Licenciado.

– ¡Basta con sus invectivas! La disciplina de los apóstoles no era para castigar sino para restaurar; tampoco era por un tiempo definido. Restauraban a los errados en cuanto se arrepintieran.

¡Qué venga el amanecer!

Afirmó Pacho:

—Ya ha castigado Dios a Jaime. Le es suficiente el azote del Santísimo.

Amonestó Arturo a Ávila:

—Usted no ha reconocido el buen trabajo que Jaime ha hecho, pero cuando comete un error, usted salta como un coyote hambriento. Es usted que falta la disciplina de la iglesia.

— ¿Con que no hay ningún castigo para los borrachos?

Me defendió Pacho:

—No se emborrachó Jaime. Su error fue la cólera. Pastor Arturo, ¿qué hace Dios en respuesta al pecado de un cristiano?

Parecía distraído Arturo, y Pacho repitió la pregunta.

—E... Cuando un hijo de Dios peca, se le debilita la comunión con la iglesia y con Dios, y entristece al Espíritu Santo, según Efesios 4:30. Además, se disminuye su recompensa celestial; ante el tribunal de Jesucristo, las llamas probarán sus obras; las buenas resistirán el fuego, y las malas serán consumidas, según 1ª de Corintios 3.

— ¿Y en el caso de Jaime?

—Ya ha sido castigado. Dios castiga a sus hijos porque los ama. Jaime se ha arrepentido, y Cristo lo ha perdonado. Jaime, la iglesia también le perdona.

—Lo agradezco, Pastor. Sin embargo, me renuncio a ser Coordinador de Grupos.

—Nombremos otro —urgió Pacho—. Simón tiene experiencia de administrar, pero tendría que cesar los cultos con los ganaderos. Se resuelvan dos problemas así, los cultos falsos, y la falta de un Coordinador.

—Es justo —Simón habló inmediatamente—. Yo acepto.

Arturo miró al barbero con sorpresa.

—Pero, Pacho. Usted sabe que Simón ha menospreciado los grupos.

—Si perdonamos a Jaime, tenemos que perdonar a Simón también.

Arturo no escuchó las protestas; parecía distraído, y Simón quedó como Coordinador. Yo pensaba, ¡Qué error más grave!

Mis grupos les contaban las buenas nuevas de Cristo a sus vecinos, y nacieron varias iglesias hogareñas. Pasé mucho tiempo capacitando a los nuevos

Hacer primero lo que manda Cristo

líderes, y también pasé mucho tiempo con mi familia; dormía muy poco. Un día yo iba a la cama fatigado al extremo, cuando Lucas entró chillando:

– ¡Se cayó Andrés en un hoyo profundo en la montaña, arriba de la capilla!

Tomé mi laso, y corrimos montados al pedregal, donde Lucas me mostró el pozo. Llamé, pero el hijo de Chiquillo no contestó. Me bajé con el lazo y lo saqué inconsciente. Lo llevamos al Centro de Salud.

–Tiene una hemorragia cerebral –me informó el médico–. Por favor informe a su familia, porque es seria.

Pasé unos días más sin dormir. Me ansiaba por Andrés, por los problemas de la iglesia y por mis grupos. Entonces se me descompusieron los nervios por no haber dormido por tanto tiempo, y me desorienté. Me encontré en el Centro de Salud; Luz me hablaba:

–Has despertado, Jaime. ¿Has recuperado?

–Creo que sí, Luz. ¿Y Andrés?

–Aún yace sin conocimiento. Lo vigilan Chiquillo y Marta; están aquí en este mismo cuarto para los internados.

–Es mía la culpa –murmuraba Marta–. Yo traje el castigo de Dios.

–Llévalo a Tacuacines, Marta –le recomendó una anciana–. La Virgencita Perpetua de allí cura cualquier mal.

– ¿Si esa imagen cura todo mal, por qué viniste a este médico?

Bajó el rosario otra anciana.

–Llévalo a Los Robles. Una víbora le picó a mi yerno, y el curandero allí lo sanó.

Comenzó Chiquillo a orar a voces por los enfermos, y le amonestó Luz:

– ¡Baja la voz! Déjales descansar.

Se acercó el médico a Chiquillo y a Marta.

–Con profunda pena les aviso, ha fallecido su hijo Andrés.

Lloraba a voces Marta. Chiquillo abrazó el pequeño cuerpo y rugió:

–Dios, tú no me escuchaste. ¿Por qué no? ¡Andrés! ¡Andrés!

El doctor lo llevó a un lado, y se calmó Chiquillo.

Yo le pregunté al doctor:

– ¿Le inyectó un calmante?

¡Qué venga el amanecer!

—Le inyecté una verdad. Si Dios sanara y restaurara a vida a todos los muertos en respuesta a todas nuestras oraciones, el cielo estaría vacío.

Fuimos a casa, y llegó Tornillo para informarme:

—Examiné el pozo. Lo habían excavado alguien hace poco, pero no lo cubrió. Ayúdame a descubrir quién causó la muerte de Andrés. Ven, Jaime.

— ¡No! –gritó Luz–. Él se enferma por hacer tantas cosas. Déjale descansar.

—Tornillo –le informé–, voy a hacer sólo lo necesario, nada más. Dejaré de tratar los problemas crónicos que no tienen remedio.

—Pues, entonces yo podaré mi agenda también. No andaré charlando tanto, sin propósito.

—Hagamos lo que mandaron Jesús y los apóstoles, sin inquietarnos por lo demás.

12

Apagar odio encendido por el infierno

Dos agentes de Pantero llegaron a la casa de los Álvarez. Abdul era ingeniero, y Sebastiano era secretario; su esposa Carmen se vestía como la Reina de Sabá. Ella compraba ropa de última moda, muy cara, que no usaba ninguna mujer de Los Murciélagos. Lamelatas gruñó al verla. Carmen llevaba una cartera peluda; Lamelatas la olió y estornudó. La cartera se movió; no era bolsa sino un perrito perfumado.

Sebastiano quedó mirando el Monte Platal que estaba lucida por la luna.

—Mañana treparé hasta allá. Meditaré a solas, unido con nuestra madre la tierra.

—¿En qué medita, don Sebastiano? —le pregunté.

—En nada. Me vacío la mente para unirme con la mente cósmica.

—¿En nada? ¿Ni siquiera medita en Jesucristo? ¿Cree usted en Él?

—Por supuesto. También en Mahoma, Buda, y los otros maestros ascendidos.

Le pregunté al ingeniero Abdul:

—¿Qué le trajo usted desde la montaña en aquel saco?

No me respondió. Era musulmán, y traté de hablarle de Cristo. Él me contestó:

—Dios no pudiera engendrar un hijo, ni tampoco Isa murió como dicen ustedes para perdonar a los pecadores. Uno se salva por someterse a Dios.

—¿Tuviera Dios suficiente poder para entrar en su propia creación como un ser humano para redimirnos, don Abdul?

—No podemos limitar el poder del Todopoderoso, señor.

—¿No lo limitamos si negamos que Él podría entrar en su creación y morir, si quisiera hacerlo?

—Dios puede hacer cualquier cosa, si tiene la voluntad.

¡Qué venga el amanecer!

–Voluntad, pues. ¿Tiene Dios suficiente compasión para sufrir para salvarnos del pecado, y morir como sacrificio?

Me quedó mirando sin contestar. Luego me pidió:

–Oriénteme por favor. Tengo que hacer frente al este para rezar.

Atender las finanzas familiares con prudencia

Lloviznaba durante la noche, y las sombras formaron brazos y danzaban. La oscuridad me amenazaba por todos lados. El alba por fin venció las tinieblas, y Simón me pagó el sueldo semanal. Cancelé una cuenta en una tienda, y un préstamo de Tornillo. Llegué a casa, y Luz me tendió la mano.

–Es tu día de pago. Dame algo para comprarle zapatos a Lucas.

–Ya no me queda suficiente porque tuve que cancelar dos cuentas.

– ¡No, Jaime! ¡Ay! –Se echó a llorar.

Desde entonces, Luz empezó a esconder sus monedas en el hueco de un tronco podrido en un bosque al extremo de nuestro callejón, por el río. Con tiempo acumuló una cantidad amplia.

Luego llegó Chiquillo muy contento:

– ¡Jaime! Yo estaba buscando moras por el río, y el perro olía un tronco hueco; lo registré y hallé un tesoro.

– ¡Es mío! –gritó Luz–. Lo escondí para que Jaime no lo gastara.

–No me engañas. Te aprovechas de mí –Se fue riéndose.

Lloró amargamente ella.

Volví a leer el estudio sobre la familia y los deberes de los esposos; cuando se calmó Luz, le expliqué:

–Vamos a llegar a un acuerdo respeto a las finanzas familiares. Leí cómo lograrlo. Las esposas toman en cuenta las urgencias que ignoran los esposos, y éstos consideran las necesidades que pasan por alto las esposas. Han de ponerlo todo en claro entre los dos, por medio de un presupuesto familiar.

Secó Luz las lágrimas, y convenimos en un presupuesto mensual sencillo, y se eliminó la controversia.

Usar los diferentes dones espirituales en harmonía

Arturo reunió a los líderes para nombrar a otro Coordinador de Grupos, porque Simón no cumplía las tareas del coordinador. Pero los líderes tenían miedo de nombrar otro, porque Simón les amenazaba, y solamente yo apoyé

Apagar odio encendido por el infierno

a Arturo. Llegué a la casa de Simón aquella noche, y él me apuntó con el gancho. Lamelatas le mostró los dientes, y lo bajó.

—Usted me opuso, Jaime. No vuelva a hacerlo, te digo, o expondré a las autoridades que Usted se mete con subversivos. Tengo las pruebas.

Escuché más tarde por una ventana mientras él escuchaba al norteamericano Pantero:

—No quero escuchar excusos, Simón. Yo pagar bueno para sacar el gente del iglesia y obtener el propiedad. Hacerlo usted.

—¡Caramba, Pantero! Usted me hace vender el alma. Tenga paciencia, por favor. La iglesia se resiste, y los mineros se rebelan cuando trato de hacer los cambios que quiere usted; los incitan los Ingenieros Sociales. Incitará aun más violencia su jefe Chuz Ochoa si vuelvo a provocar a los mineros.

—Comprar a ese Chuz Ochoa, Simón. Pagarle bien bueno para cooperar. Yo recompensar lo que usted lo pagar.

Salió el sol, y llegó Arturo con dos ancianos de la iglesia. Me pidió juntarme con ellos para hablar con Simón en su casa. Allí Arturo le acusó:

—No coordina los grupos usted, Simón, y da cultos falsos con los ganaderos. Tiene que renunciar sus oficios. Entrégueme la llave del templo y la tesorería.

—¡Con que el tirano promulgue su gran edicto! ¿Qué opinan los demás?

Ninguno respondió, y se rio Simón.

—No hay nadie que lo apoye, Licenciado.

—¿Qué opina usted, Jaime? —me preguntó Arturo—. ¿Teme a Simón también?

Me había declarado Simón que expondría a las autoridades pruebas de que yo había asociado con los sediciosos, si yo no le apoyara, y por eso le contesté:

—Pues, me conformo a lo que digan los demás, Pastor Arturo.

—Quiero escuchar su propia opinión, no la de los otros.

—¡Socorro, Dios! Haga conmigo lo que quiera, patrón. Usted nos controla despóticamente. Yo opino que usted debe renunciar a sus oficios y retirarse de la iglesia.

¡Qué venga el amanecer!

Me echó una mirada de odio implacable.

—Esperen. Trajo una caja, y la lanzó a los pies de Arturo, arrojando unas monedas al suelo.

—Aquí está la tesorería, con cada centavo. Yo renuncio a todos los oficios.

Me entregó un sobre.

—Su paga final. Ya no regreses a esta casa. —cerró la puerta.

Cruzamos la calle a la plaza, y Arturo me pidió.

—Por favor vuelve a coordinar los grupos.

—Está bien, don, pero quiero que se enmienden algunos reglamentos obsoletos de la iglesia, los que hacen difícil multiplicar las iglesias hogareñas.

— ¿Verdad? ¿De qué manera lo impiden, Jaime?

—No autorizan a pastores laicos, y no nombran a los ancianos de acuerdo a sus dones espirituales. Requieren elegir a siete ancianos a servir por tres años. Pero Dios ha dado el don pastoral a más de siete, y no quita el don espiritual después de tres años. Los ancianos del Nuevo Testamento pastoreaban a rebaños pequeños.

—Es cierto.

—Reconozcamos los dones espirituales de todos, Pastor.

—Bueno, pues, ¿cuáles son los dones de usted, Jaime?

—Testifico de Jesucristo, pero no sé si tengo el don de evangelista.

—Pruébelo. Predique a esos que vagan allí en la plaza. Lleve mi Biblia.

Apagar odio encendido por el infierno

Les prediqué, pero y un borracho me arrojó una naranja que me pegó en la cabeza. Me avisó Arturo:

—Usted tiene el don de evangelista, pero no de la elocuencia.

Yo iba a reparar la puerta quebrada frente a la casa, pero me pidió Tornillo empujar el taxi que se había pegado en el barro al entrar nuestra calle, porque llevaba un exceso de peso. Se apeó la madre de Chiquillo que había venido desde Arenas. Percibí cómo Chiquillo había adquirido sus atributos; ella lo igualaba tanto en kilos como en fuerza vocal.

La suegra reprendió a la nuera:

—¿Por qué dejaste que Andrés trepara esa montaña tan fea, Marta? No le apoyas a mi hijo como el gran profeta que es. Te haces reclusa.

La giganta no dejó de menospreciar a Marta, y Chiquillo se cansó de tanto clamor. Envió a su madre de regreso a Arenas, pero el daño estaba hecho; Marta quedó mal, dejando de comer y hablar.

Por mientras, un señor llegó a nuestra casa en moto.

—¿Señor García? ¿Es bravo el perro? —Abrió un cuaderno—. Soy Alejandro Cruz, periodista. ¿Qué trató usted con los Ingenieros Sociales en Las Brisas?

—El evangelio.

—¿Cuáles actividades ha hecho usted con su asocio Benjamín Media?

No le contesté.

—¿Cuál fue la razón de su disputa con Simón Álvarez?

—Adiós, señor.

—Su silencio le perjudicará. La gente culta siempre coopera con la prensa.

¡Qué venga el amanecer!

—Me falta cultura, entonces. Contaré hasta tres y luego soltaré el perro. ¡Uno! ¡Dos!

Me maldijo, y arrancó la moto.

Abuelita Ana había preparado a Luz para tratar a la gente que tenía trastornos mentales. Luz fue para aconsejarle a Marta, y la encontró enclaustrada en el dormitorio. Tomaba calmantes, y Luz exclamó:

—¡No los tomes todos! La sobredosis te mataría.

—Es lo que quiero. Déjame escapar esta miseria.

Por una semana Luz cuidó y aconsejó a su vecina. Marta gimió:

—Es de balde, Luz. Siempre he fracasado en todo.

—El demonio te ha metido esa idea falsa. Yo también quería quitarme la vida, pero la Abuelita Ana me desenredó las engañadas. Voy a venir todos los días, hasta que Jesucristo te liberte de la maligna raíz de tu pena.

Luz le hacía preguntas hasta descubrir la fuente de los trastornos, tal como Ana había hecho con Luz. Con tiempo Marta recuperó su sana razón:

—Tienes el don de discernimiento, Luz. Tú sondeaste mi problema. Como niña, no dejó de acusarme mi madrastra de que por mi culpa venían todos los males. Yo seguía culpándome por todos los males de la gente, y amargándome contra Dios.

—Ahora puedes servir a la gente con los dones que Dios te ha dado.

—Yo no poseo ningún don, Luz. No hago nada bien.

—¡Vaya! Usas aguja e hilo para confeccionar bordados bellísimos.

—Puedo hacer designios en trapos para limpiar loza, y darlos a los vecinos.

—¡Perfecto! Los colgarán en las paredes para adornar sus casas.

Luego, yo iba con Tornillo a una reunión de líderes, y vimos ardiendo una pared del templo. Tornillo trajo agua de una casa cercana; mojé mi camisa y sofoqué las llamas. Entonces Tornillo limpió las manos sucias con mi camisa.

—Huele de gasolina, Jaime; alguien lo provocó.

Llegaron los líderes para la reunión; los bancos estaban sucias, y nos reunimos afuera con los murciélagos. Nos contó Arturo:

—Muy pocos miembros de nuestros grupos testifican de Cristo a sus vecinos. Corrijamos esto. Ustedes son los líderes de los miembros; oblíguenles a hacerlo.

Apagar odio encendido por el infierno

—Pero Pastor —le contestó Tornillo—, nos ha enseñado que Dios da dones para diferentes ministerios. Obliga usted a todos a evangelizar como si fuera la única tarea de la iglesia.

—Yo le prometí a Olga que la iglesia traería al pueblo a Cristo. Voy a cumplir con mi promesa.

Llegó corriendo Julito.

—Mi abuelo Gerardo está agonizando, y pide que venga, Jaime.

Fui a la casa de Pacho. Gerardo me apretó la mano, y habló con dificultad, luchando para respirar:

—Ya me voy, Jaime. Cumplirá la obra usted. En el pueblo. En el campo. Dios está consigo. Me lo reveló.

— ¿Yo? No hables, hermano. Descansa. Pedro enseñó que después de padecer por un tiempo corto, el Dios de gracia te llevará a su gloria eterna, en Cristo.

—En Cristo. Sí. Ahora lo veré. Resucitaré en Cristo. Si, en Cristo. Pronto...

Guardamos silencio. Escuché el tictac del reloj. Llegó el Pastor Carlos y oró. Luego le preguntó Julito:

—Mi abuelo Gerardo cree que pronto resucitará. Pero Dios no levantará a los muertos hasta el final, ¿no es cierto, Pastor Carlos?

—No hay futuro ni pasado para Dios. No lo rige el tiempo; Dios hizo el tiempo, los días y años, según Génesis uno. Por esto, Dios ve la resurrección como si ya hubiera pasado, según Efesios 2:6. Tu abuelo Gerardo pronto será resucitado en Cristo fuera del tiempo terrenal, para ver a Jesucristo cara a cara.

Cada momento sonaba el reloj más fuerte. Tictac, **tictac, TICTAC;** los resoplos cesaron.

El anciano pastor Carlos tomó la mano de Gerardo.

—Hasta luego, hermano. Pronto me juntaré consigo.

— ¡El fin! —lamentó Julito.

—El fin, no —le corrigió Lentes—. El comienzo.

Cuando regresé a casa, me esperaban dos soldados. Me leyeron una cabecera del periódico, «Jaime García de los Ingenieros Sociales fomenta intrigas violentas». El autor era Alejandro Cruz, el periodista ofensivo. Me llevaron a

¡Qué venga el amanecer!

la delegación militar, y el sargento me interrogó acerca de los Ingenieros Sociales. Le declaré:

—Les enseñé acerca de Jesucristo. Nada más, Sargento.

Me aislaron en una celda oscura que olía mal, por dos días sin comer. El demonio me atormentaba con sentimientos de culpa. Por fin el sargento abrió la puerta.

—Estás libre. Mi madre es evangélica, y yo le creía a usted. Fui y pude convencer al coronel. Si vuelves a meterte con los revolucionarios, no te vuelvo a ayudar más.

Fui con mi familia para reparar el templo quemado; quitaba tablas quemadas, y vi un movimiento en una viga. ¡Era una culebra enorme de cabeza ancha! Abría la boca y los colmillos largos venían derecho hacia mis ojos. Me esquivé. Luz salió corriendo, llevando a Carlitos y gritando a voces. Aplasté la cabeza fea de la serpiente con una tabla; luego vi otra enrollada bajo un banco, y la aplasté. Las llevé afuera. Ya no volvió a entrar Luz, y no soltaba a los niños.

Oyó los gritos Ávila y vino, miró las víboras sin comentar, y le habló a Luz:

—Niña, ya erigen mi nueva casa de tres pisos con ascensor eléctrico. Será grandiosa con sus arcos góticos, y con pozo y albañilería de diseños hermosos.

—Que la contenten mucho esas cosas, doña.

—Ojalá que su marido pueda alimentar a su familia, ya que botó su empleo.

Se fue, y Lucas miró las víboras.

—¡Qué feas! ¿Era la serpiente que tentó a Eva venenosa como estas?

—Venenosa, sí, pero no fea. Ezequiel reveló que la serpiente Lucero en el Edén era perfecta en su hermosura. Dios la maldijo; le quitó las patas para que se arrastrara sobre la barriga. El apóstol Juan lo llamó «el viejo dragón».

Practicar honradez en negocios

Llegó un cartero joven en bicicleta; vio a Luz, y me comentó:

—Es bella su hija, señor.

Oyó Luz, y se echó a reír. Leí la carta, y le conté a Luz:

—Me ofrece empleo mi tío. Tiene un taller en la ciudad; hace muebles.

—¿Cuándo nos vamos? Ya no aguanto los incendios y las serpientes.

—¡Ay! ¡Hasta mi esposa me tienta dejar la obra que Dios me ha dado!

Apagar odio encendido por el infierno

Oí venir la moto de Arturo, pero era Tornillo quien nos anunció:

–La compré baratísima; Arturo no podía pagar la reparación. ¡Fue ganga!

– ¡Cruel! –le regañó Luz–. Te aprovechaste de su pobreza. ¡Vergüenza!

El motor hizo un ruido feo y paró. Tornillo gimió:

–Se ha descompuesto el motor. Acompáñame a Arenas, Jaime. Llevaremos la moto a remolque a un taller allí.

Mientras componían la moto en Arenas, observamos a unos vaqueros echar una carrera por la calle. Él que ganó era Mario Ordóñez, el guardaespaldas de Simón. Vio a Tornillo, y lo retó:

–Te apuesto a que gane una carrera corta, mi caballo contra tu moto.

Tornillo y yo marcamos el final de la carrera a cincuenta metros. Los compañeros de Marcos examinaron la moto y apostaron. Empezó la carrera, y la moto se tambaleaba demasiado. Ganó Mario fácilmente. Clamó Tornillo:

– ¡Pero me desinflaron la llanta delantera cuando estábamos marcando el final!

Se rieron a carcajadas. Volvimos a Los Murciélagos sin moto, y Tornillo me rogó prestarle el caballo. Al próximo día cabalgó a Arenas. Regresó por la tarde con una camioneta bonita, y con Relámpago a remolque. Nos anunció:

– ¡Miren lo que me gané! Sujeté a Relámpago a la carreta y le eché barro. Le até de modo que tuviera que bajar la cabeza para parecer viejo y cansado. Disimulé estar borracho, y ridiculicé a voces el caballo de Mario, «Es feo, torpe y lento». Se enojó Mario. Aposté a cien a uno con esos bufones que yo ganaría una carrera con el viejo caballo. Marcaron un curso largo, y corrí contra seis caballos. Gané y compré esta hermosa camioneta.

– ¡Los engañaste! –le acusó Luz– ¡Nuestro Jefe de Policía!

–Era perfectamente legal. ¡No me molestes la conciencia!

Fue con Tornillo a Arenas con el viejo taxi a remolque. Lo vendió al mecánico que antes poseía la camioneta. Luego visitamos a Carlos Méndez, y asistimos a una iglesia hogareña. Para introducir la Cena del Señor, un niño leyó: «Vamos a huir de Egipto. Traigo un cordero, y mi papá le corta la garganta. La sangre me salpica y vienen las moscas.

Pregunto a mi papá por qué pinta los postes de la puerta con la sangre. Me dice que Moisés avisó que el ángel de muerte vendría a medianoche. Volaría sobre Egipto matando a los hijos mayores si no veía la sangre.

¡Qué venga el amanecer!

En la noche no duermo. Tiemblo de miedo, porque soy el hijo mayor. Espero, atemorizado en el silencio oscuro. Entonces escucho unas lamentaciones lejos. ¡Aullidos penosos, y cada momento más cercanos! Me pega pavor, e imploro, «¡Querido Dios, deja que el ángel mire la sangre!» Los gemidos suenan por todos lados. Aprieto las manos sobre mis orejas y cierro los ojos.

Los llantos se alejan. Entonces hay silencio. Abro los ojos. Mi papá y mi mamá me miran. Él me abraza y se expresa con lágrimas, «La miró. El ángel mortífero miró la sangre del Cordero».

Halló a Tornillo el mecánico que tenía el taxi entonces.

—Otra carrera, hombre, pero no de caballos. El mismo curso, el viejo taxi y tu camioneta. Afiné el motor de su taxi, y como soy el mejor mecánico y mejor chofer, ganaré fácilmente. Apueste. Él que gane será dueño de la camioneta. El que pierda puede tener el taxi viejo.

Tornillo aceptó, y corrieron. Fui con Tornillo; iba más rápido hasta entrar un pantano. La camioneta se pegó en un charco; yo lo empujé. Habían cubierto algunos baches con palitos y periódicos por encima, ocultados con polvo. Regresamos a Los Murciélagos en el viejo taxi.

—¡Triunfó la justicia, Tornillo! —le regañó Luz—. Te aprovechaste de la pobreza de Arturo cuando le compraste la moto. Ya ve.

—¡No me atormentes! no debe estar pobre Arturo. ¿No es abogado?

—No es avaro como tú. Dedica su tiempo a la iglesia sin recompensa. Sirve de modelo para los pastores de iglesias hogareñas, y da resultado. Ahora se multiplican como conejos las iglesias hogareñas con pastores auto-sostenidos.

El taxi no prendía, y lo empujamos al taller. Chiquillo venía de la mina en la mula, y me informó:

—No te preocupes por faltar empleo. Te emplearé como administrador del nuevo comedor infantil para los niños malnutridos. Le solicité fondos a «Manos de Misericordia», una agencia extranjera.

—Si tu congregación sectaria lo patrocina, no me meto.

Chiquillo pinchó la mula, y marchó. Tornillo le gritó:

—Dice Santiago «Resistid al diablo, y él huirá». ¡En mula!

—¡En taxi escarlata, oxidado e inservible!

13

Amparar a los sufridos

Facilitar que los pobres desarrollen su economía sin hacerles dependientes

Íbamos con Tornillo y Evita al culto cuando un viento llevó mi sombrero por la calle; Tornillo corrió y me lo recogió:

—Las nubes están oscuros, Jaime, y el aire está muy húmedo. ¿Qué será?

Escuchamos a Chiquillo clamando frenéticamente en su Casa de Dibina Rebelacion, y Tornillo empezó a imitarlo a voces. Evita le dio una bofetada.

—¡Tenga un poco de reverencia! Deja que se emocionen; para algunos les es natural. Es mejor que aburrirse medio dormido como algunos hacen en nuestros cultos.

—Chiquillo es un lobo; se robó a esa gente de nuestra iglesia.

—¡Soñé algo! –presagió Chiquillo–. ¡Jesús viene antes del fin del año!

—Ya es demasiado –. –Entré, y le amonesté–. ¡Con que Jesús vendrá este año! Él prohibió predecir cuándo vendría, y Jeremías 23 prohíbe predicar sueños tal como hiciste. Deja ese delirio, hermano, y vuelve a nuestra iglesia.

—Volveré si se unen las dos iglesias. Arturo y yo predicaríamos por turno.

Después del culto Arturo presentó a un señor a los líderes de grupo.

—Darío Mendoza dirige la agencia caritativa Manos de Misericordia. Nos explicará una urgencia.

—Administraba Chiquillo Rivera nuestro proyecto para alimentar a los niños malnutridos, enseñar a sus padres la nutrición, y desarrollar comunidades destituidas. Esto no se ha realizado, y los fondos han provocado la codicia. Pido a ustedes nombrar a otro director no tan pobre que no sería tentado a lucrarse con los fondos ajenos.

—Simón es el único rico entre nosotros –comentó alguien.

—Lo acepto –respondió Simón al instante.

Empecé a disputarlo, pero una voz alarmada del radio de un vecino avisó:

¡Qué venga el amanecer!

– ¡Atención! ¡Huracán! ¡Mucha atención! Evacúen las zonas bajas de la municipalidad de Murciélagos; los ríos se desbordarán. El Departamento de Meteorología avisa que habrá lluvias profusas. ¡Atención! ¡Huracán!

Salimos, y miramos las nubes que volaban tan rápido a través del cielo. Tornillo corrió para rescatar a sus padres que vivían por el río en Barrio Bajo, sin radio. Yo corrí hacia el Almacén del Pueblo porque guardaban los granos cerca del río. Comenzó a llover a cántaros.

Mincho llevaba una carga de maíz hacia arriba. Entré el almacén, y Chuz me impidió.

–Anda. No nos falta tu ayuda, vigilante.

– ¿Quiere que se pierda el maíz por tu terquedad?

Chuz quitó el puro de entre sus dientes y sacó el puñal. Lamelatas lo atacó, pero el Comandante estaba preparado. Apuñaló el perro que cayó gimiendo.

–Rece, creyente. Hasta aquí no más dura su vida.

Tomé un paso para atrás, un saco me tropezó, y me caí. Chuz dirigió un navajazo hacia mi barriga. Lo aparté, pero la hoja me penetró el antebrazo izquierdo, y me chorreó la sangre. Chuz la alzó para terminar conmigo, pero había entrado Mincho y le forzó soltar la navaja.

Llevó Mincho otra carga para arriba. Yo quería ayudar, pero mi brazo sangraba demasiado. Me desmayé y caí en el agua sucia que entraba la bodega. Chuz me pateó en las costillas, y yo no pude respirar. Traté de asir su pie, pero el brazo herido carecía fuerza. Se inclinó para estrangularme, y le tiré de la camisa. Cayó sobre mí, y luchamos; le golpeé la cara peluda con mi puño derecho. Él se levantó, y le pateé en el estómago; se dobló y me levanté. Chuz asió un hacha y la giró hacia mi cabeza. Me esquivé y agarré a Chuz por la barba. Caímos contra un montón de sacos que se cayeron sobre Chuz, y le golpeé la cara hasta quedarse inmovilizado. Alcé el hacha para darle fin, pero la bajé.

– ¿No lo acaba? –Mincho había vuelto–. Él no pensaría en perdonarte a ti.

Le tendí la mano a Chuz para levantarlo.

–Le perdono, como Jesucristo me ha perdonado.

– ¡Su brazo! –exclamó Mincho–. Vaya al médico. Apúrese; el río crece.

Amparar a los sufridos

Me marché. El río tronaba y volteé para ver; la corriente furiosa se llevaba ramas y maderos. Escuché un gemido; Lamelatas venía renqueando. Me mareaba por la pérdida de sangre, y caí en el agua embarrada. No pude levantarme; e iba gateando. De repente me llevó la corriente, pero me alcanzó Mincho; me levantó, y Lamelatas también, y nos llevó hacia el Centro de Salud. Exclamó:

– ¡Qué viento más violento! –Se esquivó–. ¡Ay! Esa lámina que vino volando casi me decapitó.

Me dio suero el médico, y me ordenó acostarme, pero quise regresar a mi familia. Me levanté, y me pegó vértigo. Mincho me apoyó, y llevó a Lamelatas; le costó caminar contra el viento. Cayó cerca un rayo; se apagaron las luces del centro, y se tumbó un palo cercano. Pasando la Iglesia de San Muñoz, vimos caer una de las dos torres altas; el impacto hizo temblar la tierra. La campana grande cayó con estrépito, rebotó y casi nos pegó. La gente refugiada en el templo salió chillando; una mujer tropezó contra un trozo de la torre, y se cayó gritando:

– ¡Socorro, San Muñoz!

Nos desviamos donde la calle se llenaba demasiado. Me llevó Mincho a la casa, y él regresó al almacén. Entré, y me regañó Luz:

– ¡Estás embarrando el piso! Quítate esos zapatos sucios.

Escuché un gemido en un rincón del cuarto; Chiquillo lloraba.

– ¡Ay de me! ¡He pecado! Provoqué un escándalo. ¡Ay de mí!

–Lo abandonó su congregación –explicó Luz–. Se dieron cuenta de que él se había robado los fondos del comedor.

–No los robé; los usé para mi nueva iglesia. Mejor me largo de aquí.

–Jaime –me dijo Luz–, no pongas esa ropa sucia en la cama. ¡Oh! ¡Tu brazo!

–Me corté.

Me acosté. Sentía soplos de viento aun con las ventanas cerradas. El techo vibraba, un cuadro cayó de la pared, y goteaba agua. El viento aullaba, y se refugiaron Carlitos y Lucas en la cama conmigo.

¡Pam pam pam! Golpeaban la puerta. Me levanté y abrí. Un soplo bañó la sala con agua tibia, y apagó la lámpara. Sentí que entraban algunas personas, y prendí el foco. ¡Eran soldados con rifles! Luz chilló y abrazó a los niños. El sargento me rogó:

¡Qué venga el amanecer!

—Ayúdanos a rescatar a Mincho Medina. Los escombros habían formado una presa contra el puente río arriba; el puente se quebró, y una ola barrió todo abajo. Se Llevó el Almacén del Pueblo; sólo queda el techo, y Mincho aferrándolo. El techo está trabado en el río por el extremo de este callejón. Podremos alcanzarlo con laso, pero no lo tenemos ni sabemos usarlo. Tráelo.

Vadeando en el agua lodoso padecí vértigo, y el sargento me sostenía. Las aguas del río se encrespaban con estrépito, y llevaban escombros. El techo del almacén se había pegado contra unas rocas, y se destrozaba. Una culebra grande formaba un anillo en el techo; ella y Mincho y se miraban de cerca.

—Ayúdanos, Dios —le rogué, y tiré el lazo. El viento lo extravió. El techo se movió un poco y se detuvo de nuevo. Otra vez tiré el lazo, sin efecto. Oí gemidos; Lamelatas venía renqueando. Le até el lazo, lo llevé río arriba, y lo arrojé en la corriente. Desapareció bajo la espuma; luego lo vi nadando en círculos.

— ¡Mincho! Llama a Lamelatas.

No me oyó, pero lo miró y se lanzó en la corriente furiosa. Un palo enorme vino flotando y chocó el techo; hizo tanto chorro que no podríamos ver nada; escuché quebrarse la madera... Entonces no vi ni el techo ni a Mincho. Grité:

—Tiren del lazo.

Trajeron a Lamelatas y al gigante tosiendo a la orilla, y regresamos a la casa. Yo temblaba, y me acosté. La cama estaba mojaba porque las gotas seguían cayendo del techo.

Me despertó la voz de Tornillo. Me decía:

—Traje a mis padres; habían subido un palo. Los soldados traen a los heridos, pero no podemos controlar los caballos; se espantan por tanto ruido. Ayúdanos.

Amparar a los sufridos

–No –Luz le avisó–. Jaime tiene fiebre.

Me dormí. Me despertaron unas voces en la sala, y salí. Atendían a los heridos Luz, Marta y Evita. Otros se sentaban en el piso, y le pregunté a hombre:

– ¿Son ustedes sobrevivientes de Barrio Bajo?

–Somos sus familiares; nos esperamos porque todavía no han llegado todavía los nuestros.

–Oye. Los caballos ya traen a otros más.

Los soldados registraron los nombres, y los familiares se abrazaron. Otros familiares seguían esperando a los seres queridos en silencio toda la noche, pero no llegó ninguno más.

Apartar a los demonios en nombre de Jesús

Cubrían las carreteras los deslizamientos, y el pueblo quedó aislado. Se habían destruido muchas casas y casi todas las labranzas. No había comestibles en el mercado, y hervía Luz yuca con todo y hoja para alimentarnos. Organizaban Mincho y Lentes a los que se habían perdido todo a lo largo del Río Bravo, para construir casas pequeñas en un campamento para los damnificados. La iglesia proveía recursos; Tornillo y Evita dirigían la distribución.

Evita llegó a nuestra casa para informarnos:

–Está golpeado Tornillo. Hacía carrera con otro ciclista loco, y lo tumbó un bache. Le persuadí vender la moto, antes de que se matara. Vengan.

Fuimos, y Luz le ayudó a Evita a vender a Tornillo. Él me dijo:

–Mira la montaña, Jaime. Se tumbaron miles de pinos. Habrá madera por muchos años.

–No tanto. Los insectos la arruinarán luego, y se pudrirá.

– ¡Miren! –Tornillo señaló el camino del sur. –Darío Mendoza de Manos de Misericordia viene con unas mulas cargadas.

Fuimos para acogerlo. Estaba agotado, y nos contó:

–Traje las provisiones por las montañas; las carreteras están bloqueadas.

Repartíamos cobijas y víveres, y la capilla proveía refugio para algunos que habían perdido sus casas. Chiquillo y Darío Mendoza transportaban provisiones de emergencia a las aldeas en las mulas. Cooperábamos con Padre Camacho para llevar ropa y medicinas a los campesinos perjudicados. Evita repartía comestibles en la capilla, cuando llegó Lorenzo Guzmán.

—Vine por los víveres. Soy pastor de una nueva iglesia, y nos hacen falta.

—¿Cuál nueva iglesia, Lorenzo? Ya falleció su iglesia, hace tiempo.

—La re-inicié hoy con algunos vecinos. Somos de la misma hermandad.

—Los víveres no son para los cristianos sino los damnificados, sean quienes sean.

—Pero yo soy pobre, maestra. Ustedes siguen la Biblia, y reparten a los que faltan.

—Usted debe donar para los que perdieron todo. Aquí está la caja.

—Una organización extranjera les trajo abastos. Deme mi justa porción.

El desacuerdo se amargó, y Chiquillo exorcizó a Lorenzo:

—¡Sal de este hombre, Satanás!

Lorenzo rugió lo mismo a Chiquillo, y se marchó. Chiquillo declaró a Evita:

—Ese no te va a fastidiar más. Le eché fuera el demonio.

—No lo echó suficiente lejos; él se llevó una caja de abastos. La crisis expone la índole de los cristianos. Algunos han dado doble del diezmo para cobijar a los que perdieron todo. Otros débiles sólo codician los abastos.

—¿Has expulsado demonios tú? —me preguntó Tornillo.

—Sí, en nombre de Jesucristo. Es desagradable al extremo.

—Ayer Lorenzo exorcizó a una niña que sufría un trastorno intestinal; clamaba que se botara la vileza. Ella vomitó, y él dijo que el arrojo era el demonio.

—Debemos apartar los diablos de sus víctimas tal como lo hicieron Jesucristo y sus apóstoles; es decir, sólo cuando los demonios se manifiesten claramente,

El padre de Tornillo llegó con algunos compañeros, y se expresó:

—Apreciamos lo que han hecho por nosotros en Barrio Bajo. Estamos alimentados, y ya tenemos casas. El Espíritu de Dios usó su compasión para convencernos; recibimos a Jesucristo en nuestros corazones. Tornillo; eres policía; debes saber que encontré unos fardos de amapola depositados por el río durante la llena.

—Cayeron en el río cuando el Almacén del Pueblo se destrozó —juzgó Tornillo—. Arrestaré sin demora a los líderes de los Ingenieros Sociales.

—Espera —le rogué—, hasta que yo advierta a Mincho Medina.

Amparar a los sufridos

—Hazlo luego. Los gringos criminales cambiarán armas por esas drogas. ¿Cuál mata más, las armas o las drogas? Los malos se enriquecen y los obedientes nos empobrecemos.

—Somos ricos en Cristo —le contestó Evita.

Ligar la obra benévola con otros ministerios

Fui con Lentes al nuevo almacén de los Ingenieros Sociales. Mincho llevaba un fardo grande al río, lo desató y lo arrojó en el agua. Se rio:

— ¡Mejor que se enloquezcan los peces! Ayúdenme antes de que venga Chuz. Perdimos una fortuna pero me alegro. Los traficantes de drogas secuestran y matan a los que se les opongan; ya no coopero más con ellos. Seguiré a Cristo, cueste lo que cueste. Ustedes logran bien los beneficios sociales; por favor, explíquenme cómo lo hacen.

Lentes señalaba arriba.

—Mira esa águila. Las dos alas baten juntas; corresponden a las dos «grandes» mandamientos de Jesucristo, la Gran Comisión y el Gran Mandamiento de amar a Dios y al prójimo. Corta las plumas de un ala, y el ave vuela en círculos. Una iglesia que bate las dos alas juntas armoniza el trabajo benévolo con el trabajo pastoral; uno fortalece al otro.

—Entiendo, Lentes. Como joven asistí a una iglesia que batía sólo el ala benévola. Enseñaba mucho acerca de la justicia social, pero sin acción práctica.

—Hay iglesias que baten sólo el ala pastoral; no hacen todo lo que Jesucristo ordenó. Pues, tratamos de batir las dos alas. Auxiliamos a los pobres sin hacerles dependientes de nuestra ayuda. No les regalamos nada, salvo en alguna emergencia. Les ayudamos a tratar sus propias necesidades.

—Vengan a mi casa para celebrar la nueva vida de Mincho —les invité.

Mincho y Lentes iban conmigo cuando el gigante le preguntó a Lentes:

— ¿Podremos trabajar juntos, tú y yo?

—Claro, hermano. Muchos han recibido a Jesús desde del huracán, y faltan obreros para atenderlos. Me han gastado los zapatos caminando a tantas aldeas, llevando libros y estudios.

Pasando el taller de Tornillo, Mincho vio un aviso en la moto, «Se Vende».

—Ya comienza mi nuevo estilo de la obra humanitaria.

Compró la moto para Lentes, y pidió a Tornillo:

—Arme dos alforjas para llevar libros y papeles.

Me esperaba Darío Mendoza cuando llegamos a la casa; me contó:

—Nos solicitó unos fondos Lorenzo Guzmán para un orfanatorio, pero he decidido no seguir apoyándolo. Él me reclamaba fondos para más huérfanos de lo que había, y no dejaba que nadie los adoptara porque quiso que continuara su proyecto para siempre. Pues, yo admiro la obra benévola que ustedes hacen, sin solicitarnos fondos. Armonizan la obra de desarrollo con los otros ministerios de iglesia.

—1ª de Corintios doce ordena armonizarlos, don, y explica cómo hacerlo.

—Lo practicaré a pie de la letra, como lo hacen ustedes. Dejaré a los locales tomar la iniciativa y administrar la obra de desarrollo. E integraré nuestra obra humanitaria con la obra de las iglesias, con la ayuda de Dios.

14

Desechar las mañas concebidas en tinieblas

Luchar por la justicia por amor, no por odio

Esperaba Chuz Ochoa a medianoche río arriba, cerca de la vieja mina abandonada. Sonaban cascos en piedra, y prendió un fósforo. Alguien venía montado, con rostro y brazos escondidos bajo una capa; conducía otra bestia cargada. Le ordenó Chuz:

–Descúbrase.

Dejó caer un papel el jinete; lo leyó Chuz, y se rio.

–Con placer, amigo. ¿Y mi recompensa?

Cayó un manojo de billetes, y otro papel más, «Es la mitad. El resto es para cuando cumpla». Chuz bajó de la bestia cajas de dinamita, su detonador y cable.

Al próximo día, yo hablaba con Mincho después de un culto cuando Lamelatas persiguió un conejo detrás de la capilla. Empezó a ladrar furiosamente, y le avisé a Luz:

–Hay más que un conejo allí. Guarda a los a niños adentro, mientras voy con Mincho para ver lo que le molesta a Lamelatas.

Hallamos los explosivos escondidos al lado del templo, suficiente para demoler una fortaleza grande, y desconecté el cable. El extremo desconectado cayó en el suelo mojado por la lluvia, y en un momento echó chispas.

– ¡Ay! –grité–. ¡Casi se detonó! Se desconectó apenas a tiempo, gracias a Dios.

Escuchamos un caballo correr en la oscuridad, en el pedregal arriba del templo, y seguimos el cable. Hallamos el detonador entre las rocas; Mincho alzó una de las rocas más grandes, y lo demolió.

¡Qué venga el amanecer!

–Venga con nosotros a la casa –le invité a Mincho–. Celebraremos que Dios nos rescató.

En la casa Mincho murmuró:

– ¿Por qué permite el Todopoderoso tanta malignidad?

Se sentó Luz a su lado.

–Nace del odio, Mincho. ¿Por qué odia usted tanto a los empresarios?

Guardó silencio el gigante. Gimió, y su cara mostraba un dolor profundo.

–Me despojó Simón Álvarez para escapar de su propia pobreza. Él marcó mi ganado con su hierro, y se lo llevó. Pero me robó más del ganado.

Él abrió una medalla colgante del cuello, y le mostró a Luz una foto.

– ¡Qué bella! ¿Quién es?

–Antes de que les diga, mande a los niños a otro cuarto.

–Lucas y Carlitos, a la cama ahora. No dilaten. ¡Ya!

Él cubrió la cara con las manos por un momento.

–Pues, íbamos a casarnos, pero Simón me la llevó y la violó. Ella quedó presa en el rancho de Simón.

Hizo pausa, enjugó una lágrima, y gimió. Luz le apretó la mano, y él siguió:

–Le seguí buscando por un año. Me informó un vaquero que ella era prisionera de Simón. Fui, y la encontré recogiendo leña. Me divulgó lo que Simón le había hecho. Ella montó mi caballo para escapar conmigo, pero Simón nos sorprendió. La arrojó al suelo, y la golpeó brutalmente. Traté de apartarlo, y me atacó con su machete. Lo castigué, hermana. Que Dios me perdone. No pude contener la furia. Él me dejó con esta cicatriz tan fea en la cara. Pues, me enloquecí de la cólera. Le quité el machete y le torcí el brazo hasta quitarlo por completo. Los dos quedamos marcados.

Desechar las mañas concebidas en tinieblas

—¡Oh, Mincho! ¡Mincho! —exclamó Luz.

—A pesar del chorro de sangre, Simón logró sacar su rifle, y la fusiló a ella. Yo apenas escapé con mi vida. Esto me es la raíz del odio, Luz.

—Tiene que perdonar a Simón, Mincho, para ganar paz en su alma.

—Quizás Dios pueda perdonar a ese diablo; pero yo no.

—Mincho —le expliqué—: Perdonarlo no quiere decir que apruebe lo que hizo. Es la única manera de evitar que él siga atormentándole. De otra forma seguirá usted guardando estos recuerdos demasiado odiosos y dolorosos.

—Es cierto.

Oramos, y después de cenar, Mincho me preguntó:

— ¿Es la voluntad de Dios para mí, organizar a los mineros?

—Creo que sí, pero sin violencia. La voluntad de Dios no abarca tales actos criminales.

Aplicar la Biblia a lo actual

Conté a los líderes de grupo acerca de los explosivos, y Pacho reclamó:

—No volvamos a reunirnos en esa desdichada capilla. Es casa de muerte.

—Y tampoco la vamos a vender al Pantero —declaró Arturo.

— ¿Dónde podremos reunirnos, Pastor Arturo? —le preguntó Colón.

—Ya nos preparó Dios para esto. Los grupitos hogareños tienen a líderes capaces de pastorear, y a veces nos reuniremos todos juntos en el aire libre.

Hay otra dificultad —nos avisó Colon—. He querido mencionarlo, pero me faltaba el valor. Perdone la franqueza, Pastor Arturo. Usted predica solamente acerca de la salvación. Poco nos edifica a los ya salvos.

No respondió Arturo, y después de un silencio penoso, Tornillo le contó:

—Colón tiene razón, Pastor. Tiene una sola cuerda la guitarra de usted.

—Es que le prometí a Olga dedicarme al evangelizar. ¿Desean ustedes que yo renuncie?

—Claro que no, Pastor Arturo —le contesté—. Sólo pedimos que...

—Nadie debe dictar lo que predique un pastor, Jaime.

—A menos que la congregación sufra cómo consecuencia. Exhortarles a los ya salvados como si todavía faltaran la salvación les pega dudas.

—Mientras que algunos no conozcan a Jesús, mi tema será la salvación.

¡Qué venga el amanecer!

—Usted mismo nos ha enseñado que hay dos errores comunes respeto a escoger los temas de enseñanza. Uno es tratar sólo las necesidades actuales que uno observe. Otro es sólo exponer libros o pasajes de la Biblia sin tratar temas del día. Ha de mantener equilibrio entre los dos.

No respondió Arturo, y Pacho le exhortó:

—Los apóstoles trataron la salvación con los no salvos, y otros temas con los fieles. ¿No son los apóstoles nuestro modelo?

Amarse los miembros nuevos y viejos

Pidió la palabra Tornillo.

—Ya que estamos corrigiendo las cosas, debo mencionar una muralla nos deja marginados a nosotros los nuevos. Es la barrera dolorosa entre los que han sido miembros por muchos años, y los demás. Hermano Pacho, hasta tú has mantenido ese muro.

—Siempre exageras, Tornillo.

—Otros han lamentado lo mismo. Quiero llevarme bien contigo, pero me sospechas, y los otros maduros siguen tu ejemplo. No nos hallamos en ningún grupo de los miembros originales. Nos dan pena.

—Bueno —tomó su sombrero Pacho—. Ya que no hay nada de importancia, mis clientes me esperan en la barbería. Con permiso.

Se fue, y llevé a Tornillo a la barbería para encontrarlo. Pacho cortaba el cabello de un cliente, y echaba miradas sospechosas hacia Tornillo. Cuando se había ido el cliente, Pacho se sentó en la silla de barbería.

—Admiro cómo has crecido, hermano Tornillo. Yo no tengo ningún problema contigo.

—Pero yo sí tengo contigo. Los miembros originales de la iglesia te siguen a ti y resisten los cambios. Los nuevos me siguen a mí. Los cambios que queremos se conforman a las escrituras. Los viejos y los nuevos no se escuchan.

—¿Para qué escuchar a los nuevos? No se somete a sus hijos un padre.

Le aclaré a Pacho:

—Les hace caso si sufren dolor. Jesús contó esta parábola; los trabajadores que llegaron tarde recibieron el mismo pago que los primeros. Reciben la misma gracia los nuevos discípulos que los viejos que han laborado mucho.

—Ya ve —dijo Tornillo—. Jesús no nos margina a los más nuevos, Pacho.

Desechar las mañas concebidas en tinieblas

–Ni yo, pero les hablo franco. Habrá anarquía si seguimos sus ideas.

–Cuando yo opino algo, tú me fastidias, Pacho. No puedes tantear ninguna idea nueva. Encierras tu mente con un candado de hierro, como burro. Estoy nuevo en la fe, pero no estoy completamente loco como me tratas.

Pacho se barrió el cabello tarareando un himno, y saqué a Tornillo afuera.

– ¡Tienes que hablarle más suave! Pídele perdón por haberle acusado tan fuertemente. Jesucristo ordenó perdonar siete veces setenta.

–Muy bien. Yo perdono a Pacho. Vámonos.

–No, Tornillo. Debes volver y pedirle perdón a Pacho.

–Lo haré cuando él cambie de actitud, y me pida perdón también.

– ¡No, hermano! No le pongas condiciones. Pídele perdón por tu falta de respeto. No importa la culpa que él tenga. Nos ordenó Pablo aceptar ser defraudados en vez de pelear con nuestros hermanos en Jesucristo. Pídele perdón a Pacho, y escucha sus inquietudes; entonces él te escuchará a ti.

–Hasta luego, Jaime.

Regresé para exhortarle a Pacho:

– ¿Recuerdas lo que Jesucristo enseñó acerca del hijo ávido que reclamó su herencia antes de que muriera su padre?

–La malgastó viviendo perdidamente.

–Pero se arrepintió, y su padre le perdonó con gozo. El hermano mayor que siempre había obedecido a su padre resintió tanta gracia. Jesucristo no quiere que se resienta que los tiernos en la fe reciban la misma gracia que los maduros.

El barbero no me contestó. Tornillo volvió, y me sorprendió su palabra:

–Te pido perdón, hermano Pacho, por mi mala actitud.

– ¿Cuál trampa me has concebido ahora?

–Sólo quiero que me perdones. Te he causado mucha molestia.

– ¡De veras! –Torció su bigote Pacho por un momento–. Claro que te perdono, hermano.

En la próxima reunión de líderes, nos contó Pacho:

–Tornillo y yo chocamos, pero Jaime nos aconsejó con buen efecto. Fíjense, ¡Tornillo se compuso!

¡Qué venga el amanecer!

Se hicieron muy amigos los dos. Tornillo le ayudaba a Pacho a aceptar los cambios, y Pacho ayudaba a Tornillo a actuar con prudencia. Inspiraron a los demás miembros, y la penosa muralla se tumbó.

Practicar la ética pastoral

Dos damas, una muy joven, llegaran a la casa vendiendo libros de pasta verde, y la mayor nos ofreció un curso bíblico. Luz le preguntó:

– ¿A cuál iglesia evangélica pertenecen?

–A ninguna. Somos testigos del único Dios verdadero.

– ¿«Son testigos de Jehová»?

–Este curso expone las pruebas de las falsedades de las iglesias. El reino del verdadero Dios le pertenece a sus testigos auténticos.

– ¿Creen ustedes que solamente los miembros de su secta son salvos?

–Ustedes creen en tres dioses. La Trinidad es falsa; uno más uno, más uno, son tres.

–Perdone, señora –le rogué–. No se añaden las tres Personas divinas como si fueran monedas. El Padre engendra eternamente al Hijo, y el Espíritu Santo procede siempre de ellos; así la relación entre las tres corresponde al multiplicar, no al sumar. Multiplicar uno por uno, por uno, ¿cuánto es?

– ¡Siempre uno! –exclamó la joven.

La mayor me arguyó:

–La Trinidad es una ficción del emperador Constantino.

–Al contrario, señora; yo he leído esa historia. Constantino en el principio creía igual a ustedes acerca de Jesucristo; encarceló a obispo Atanasio por exponer la Trinidad. La realidad es que usted no quiere glorificar a Jesucristo.

–Glorificamos al único Dios Todopoderoso. Cristo era un dios sólo en el sentido de ser poderoso.

–Doña, nuestro Señor Jesucristo reclamó todo poder en Mateo 28; dice el capítulo también que sus discípulos lo adoraban, pero algunos dudaban. ¿Lo adoran ustedes, o dudan? Además, Filipenses dos dice que toda rodilla se doblará delante de Él. Arrodíllense con nosotros para glorificar juntos al salvador.

Nos arrodillamos Luz y yo, y la joven también. Pero Su compañera la alzó, y la empujó hacia la puerta. Luz les rogó.

Desechar las mañas concebidas en tinieblas

—Esperen. Acaba de hornear un pan dulce. No me lo menosprecien.

Me llevó Luz a un lado.

—La joven tiene oídos para oír. Ora.

Mientras comían, les testificó Luz:

—Yo recibí a Jesucristo en el corazón, y me dio gozo y paz. Desde entonces he sufrido agobios, pero me fortalece pensar en la pena que Cristo sufrió para perdonar mis pecados. Me alegra pensar en su resurrección, porque prometió resucitarnos también con él. Toda la Biblia testifica de Jesús, y le glorifica.

—¡Nadie me ha enseñado esto! —exclamó la menor.

—Son falsedades —gruñó la mayor—. Vámonos.

Se fueron. Lucas entró, y me informó:

—El hijo de Tadeo dice que algunos van a reunirse en secreto en su casa, con el Reverendo Amós Núñez.

¿En secreto? Fui para investigar. Tadeo, un nuevo discípulo, me recibió cordialmente. Núñez estaba difamando al Pastor Arturo cuando me vio.

—E, buenas tardes, hermano. Bienvenido. Me alegro que vino. Estamos estudiando en... Daniel, capítulo uno.

Los demás inclinaron sus cabezas apenados, y Tadeo me llevó a un lado.

—Yo no sabía que Amós se oponía a ustedes. Él no va a volver a mi casa.

—Es que los nuevos discípulos atraen a los lobos que andan buscando los corderos tiernos.

Llegué a casa, y Luz se alegraba:

—Aquella joven regresó, y recibió a Cristo. Va a reunirse con nosotros.

Nombrar a ancianos pastorales calificados

Los grupos pequeños, que ya eran iglesias hogareñas, se reunieron todos juntos por primera vez en la cancha de fútbol. Pastor Carlos llegó para celebrar el evento. Al terminar, Arturo hizo un corto anuncio que nos dejó chocados.

—Me renuncio como pastor. Serviré a Cristo preparando a los muchos pastores nuevos en los campos. Que Dios les bendiga, amados hermanos.

Tomó la valija y se marchó. Las damas gemían, y les exhorté:

—No lloren por Arturo. Él servirá como pastor de pastores, con el mentoreo.

Pacho le preguntó a Carlos:

– ¿Qué dice el Nuevo Testamento respecto a llamar a un nuevo pastor?

–No dice nada. Las iglesias primitivas no llamaban a pastores de otros lugares. El Nuevo Testamento usa la palabra «pastor» una sola vez para un dirigente humano, en Efesios 4. Eran los ancianos que pastoreaban entonces, Pacho.

–Bueno, la Alianza Nacional nos recomendará a unos candidatos. El nuevo pastor debe ser un buen predicador, ¿verdad, Pastor Carlos?

–Predicar no es lo más importante. El pastoreo cabal incluye mucho más.

–No traigamos a nadie de afuera –sugerí–, a menos que abrace la misma visión de multiplicar iglesias hogareñas en el pueblo y en las aldeas.

Nos recomendó Carlos:

–Compartan el pastoreo ustedes los líderes. Sigan reuniéndose en los hogares, y todos juntos cuando les convenga.

Ya tiempo no se había reunido Simón Álvarez con los ancianos, pero ya que había renunciado Arturo, Simón volvió. Nos avisó:

–Amós Núñez debe ser nuestro pastor. Es el único en el pueblo que predica bien, y se simpatiza con la gente.

– ¡No, Simón! –le contrarió fuertemente Pacho –. Prohibió Pedro que un pastor fuese amante del dinero. Amós Núñez lo es.

Los ancianos convinieron.

Dos meses después, me contó Pacho:

–Yo pensaba que la iglesia se estancaría sin un pastor bien educado, pero progresa bien, ya que los grupitos toman la iniciativa como iglesias hogareñas.

–Es que sus líderes pastorean a los miembros dando atención a cada uno, cuidándolos, no sólo enseñándoles.

–Ahora Amós Núñez ocupa el templo, sin pedir permiso, y asisten pocos. Él publica que ellos son la iglesia legítima e original, y que nosotros somos los separados.

15

Hacer discípulos a razas y las gentes descuidadas

Establecer iglesias en campos blancos

—¡Despiértate! —me sacudía Luz—. Vi que unas brujas echaban unos sapos en una olla enorme, y se reían con una voz incorpórea. Subía un vapor negro de la olla en forma de diablo. Mojaban las brujas unos dardos en la poción y me las aventaban.

—Es una pesadilla, nada más. Duérmete.

Por la mañana, llegaron tres misioneros norteamericanos para observar nuestra obra. Roy y Rosa Watts eran cordiales y hablaban español sin acento. Unas niñas vecinas querían tocarle el cabello rubio a Rosa. Samuel Fordson hablaba con un acento fuerte, tenía cabello color de zanahoria, y traía un montón de maletas; empezó a tomarnos fotos antes de saludarnos, como si fuéramos un paisaje.

Tornillo y yo llevamos a los dos varones extranjeros a Los Robles. Cuando regresábamos, vimos cómo se acumulaban las nubes negras, y comenzó a caer una lluvia fuerte. Cruzando un río crecido, se ahogó el motor del taxi y se pegó en la arena. Lamentó Tornillo:

—Olvidé desconectar el abanico, y el chorro mojó las bujías.

Un vecino rescató el viejo taxi con bueyes, y nos invitó:

—Abríguense en mi casa. Yo me llamo Ernesto.

¡Qué venga el amanecer!

Miró Samuel las paredes de barro blanqueado, y techo de hojas de palmera.

– ¿Esta choza se podría llamar «casa»? Lástima que no haya hotel.

–No, hermano Samuel –le corrigió Roy–. Venimos para conocer a esta gente y su cultura. Nos es un privilegio posar en esta casa.

–No vine como aprendiz, sino para plantar iglesias. Señor Jaime, yo le voy a capacitar a usted y a sus colegas.

–Don Samuel, para plantar iglesias, tendrán que viajar lejos de Los Murciélagos, porque ya hay iglesias en todos los barrios y las aldeas cercanas.

–Vamos a ver.

Mientras cenábamos, la hija chica de Ernesto miraba a Samuel.

– ¿Estás enfermo? Estás pálido.

– ¡Rina! –le corrigió su madre–. Es el color natural de los gringos; ellos no pueden menos.

–Quizás si comieran mucho chocolate...

–Come, Rina.

– ¿Qué pasó con tu cabello? –Rina le preguntó a Samuel–. Se ha vuelto rojo.

– ¡Rina! –exclamó su madre–. Calla.

Dormimos acostados en el piso. Al amanecer, nos acompañaba una cerda grande, y Rina le daba manojos de frijoles. Tornillo bromeó:

–Buenos días, cerdita.

Rina le contó a Tornillo:

–Ella es mía. Se llama Lisa.

–Te la compro; te pagaré diez veces el valor de un cerdo grande. Lisa me rendirá sabroso tocino.

– ¡No!

–Te hago un cambio entonces. Mi hermoso y lujoso automóvil por la cerda.

– ¡No!

Entraron Ernesto y su mujer, y Tornillo les contó lo que Jesús hizo para salvarlos y cómo se le había rescatado del alcohol. Ernesto nos rogó volver y contar el evangelio a sus amigos.

Hacer discípulos a razas y las gentes descuidadas

Regresando a Los Murciélagos, comentó Roy:

—Me fascinó esa familia. ¡Preciosa! Me encanta la cultura de estas aldeas.

—A mí no —se quejó Samuel—. Voy a cambiar muchas cosas. ¿Jaime, a cuál seminario envía ustedes a los nuevos pastores para capacitarse?

—Los capacitamos por el mentoreo, tal como lo hicieron Jesucristo y Pablo.

— ¿El mentoreo? ¿Cómo lo hacen?

—Cuentan a los mentores los aprendices el progreso o atraso de sus iglesias; entonces los mentores les ayudan a planear lo que sus congregaciones van a hacer durante la próxima quincena o mes. Los mentores asignan una lectura bíblica, y los estudios que corresponden a los planes y exigencias. También los pastores se reúnen para conversar y edificarse los unos a los otros.

—Con que falta la disciplina académica —criticó Samuel—. Ustedes degradan la educación teológica.

—No, hermano Samuel —le contestó su compañero Roy—. Admiro cómo las iglesias se han multiplicado. No les falta nuestra ayuda. Iremos a otro campo.

—Yo sí me quedo —le contrarió Samuel—. A los pastores les falta la educación académica. —Se marchó sin despedirse.

Pedí a Roy y Rosa exponer la obra misionera a algunos en la casa de Tornillo. Roy explicó:

—La Gran Comisión de Cristo nos ordena hacer discípulos a todas las gentes del mundo. La obra evangélica ha pasado por cuatro fronteras. La primera fue las ciudades por las costas de África, Asia y Sudamérica; antes del año 1800; los misioneros acompañaban a los marineros, soldados y comerciantes.

Rosa desdobló un mapa mundial, e indicó aquellas costas.

—La segunda frontera fue las regiones interiores de las Américas, China y África, antes del año 1900.

Las indicó Rosa, y Roy siguió.

—La tercera frontera fue todas las tribus, razas y culturas de cada región, además de la población principal, desde del año 1950. La cuarta frontera es la actual, donde los musulmanes, budistas, hindúes y ateos impiden seguir a Jesucristo. Sólo un criminal planta iglesias, según sus leyes.

—Lástima que a los misioneros les falten experiencia criminal —bromeó Tornillo.

¡Qué venga el amanecer!

Relató Rosa cómo sufren las mujeres de algunas religiones no cristianas, incluyendo algunas religiones tribales de ese mismo país.

– ¡Qué lástima! –exclamó Evita, y enjugó una lágrima.

La tomó de la mano Tornillo.

–Quizás iremos algún día a algún grupo indígena para liberarlas, Evita.

Le informó Rosa:

–Roy y yo hemos decidido ir a un grupo marginado de este país.

Respetar a los nuevos pastores, tan humildes que sean

– ¡Es un Desastre!–Llegó Lentes exclamando–: Andan Samuel Fordson y su hijo Pecas en la región del campo de damnificados. Menosprecian las iglesias; las dividen y forman iglesias muy legalistas que no saben evangelizar. Les ofrecen a los pastores pobres un pequeño salario, casi nada; lo siguen dos ahora.

– ¿No se dan cuenta ellos dos de la falsedad de Samuel?

–Cómo no. Odian la vaca pero aman la leche.

–Si conocen a Cristo, no quedarán mucho tiempo con Samuel. Jesucristo declaró que sus ovejas oyen su voz y lo siguen. Samuel no les puede comprar la lealtad; sólo la alquila.

Fui con Lentes, Mincho y el misionero Roy al campo de damnificados. Las dos iglesias, una latina y otra indígena, celebraron un culto unido, traduciendo todo para incluir a los dos grupos. Presentaron informes de su progreso, unos cantos que habían compuesto, y una obra presentada por los hombres, jóvenes y niños actuando juntos. Los dos dirigentes, latino e indígena, oraron por los enfermos, y comisionaron a los ancianos pastorales de nuevos rebaños de varias aldeas.

– ¿Por qué no predicó usted? –me preguntó Roy.

–Quiero mostrar respeto para los líderes locales. Les anima cuando les escuchamos.

Les ayudó Mincho a hacer planes para desarrollar la agronomía, y Lentes dirigió un taller para los nuevos pastores. Uno le rogó a Lentes:

–Una plaga del diablo es la borrachera en las aldeas de mi región. Por favor, vaya conmigo para combatirla.

–Ahora no, hermano; es de balde tratar de eliminar el vicio hasta que Cristo viva en la gente. Llévales el evangelio primero, y establezca las iglesias. No

Hacer discípulos a razas y las gentes descuidadas

bailemos con el diablo andando siempre para apagar todos los incendios que él siga provocando.

Me preguntó Roy:

– ¿Por qué no dirigió el taller usted? Tiene más experiencia que Lentes.

–Al dar responsabilidades a nuevos líderes, la obra se ensancha rápido.

– ¿Pero no cometen errores por ser nuevos?

–Claro que sí; y así alcanzan la madurez. Aprovechamos de los errores para tratar la verdad y ayudarles así a crecer, tal como lo hicieron Cristo y Pablo.

Toño, el pastor latino, servía la Santa Cena cuando vino corriendo muy acelerado un camión; echaba nubes de polvo. Bajaron dos soldados, Chiquillo, y Amós Núñez que clamó:

–Oigan todos. La Asociación de Ganaderos me autorizó investigar las actividades subversivas del señor Benjamín Medina. ¿Lo conocen?

Mincho se identificó, y los soldados alzaron los rifles. Él le regañó a Núñez:

–Usted no tiene por qué meterse aquí, señor. Estamos adorando a Dios.

– ¿Quién es el encargado aquí? –preguntó Amós rudamente.

–Yo soy uno de ellos –se identificó Toño el pastor latino.

–Usted no tiene autoridad para pastorear aquí hasta que yo se la autorice. Yo pastoreo a la iglesia que se reúne en la capilla en Los Murciélagos ahora, y superviso la obra de esta zona. Va a predicar aquí Chiquillo Rivera.

Chiquillo comenzó a sermonear a voces, pero se alejó toda la gente. Amós y sus compañeros se marcharon en el camión, y Toño me aseguró:

–Esos farsantes de Chiquillo y Amós Núñez nunca engañarán a mi gente.

–Tampoco a nosotros –afirmó el pastor indígena–. Hacen siglos hemos sufrido abusos de aquellos tipos arrogantes. Por otro lado, apreciamos mucho el compañerismo con ustedes nuestros hermanos latinos que nos trajeron a Cristo.

Almorzamos, y Roy alabó a la esposa de Toño que cocinaba:

–Muy rica esta carne, hermana. ¿Es pollo?

–Es Iguana.

Hizo pausa Roy. Se rio, y la comió con gusto.

¡Qué venga el amanecer!

Fuimos por las montañas con Toño, y Roy cayó del caballo tres veces antes de aprender a cabalgar. René, el dirigente de una nueva iglesia, nos informó:

—Se han metido Samuel Fordson y su hijo Pecas en Las Flores. Tratan de conquistar a los hermanos donde los dirigentes faltan experiencia.

Lentes le avisó a René:

—Nos advirtió Jesús que estos lobos recorrerían mar y tierra para hacer un prosélito; y le hacen un hijo del infierno peor que ellos. Muchos de los prosélitos simplemente imitan ciegamente a sus patrones en un fuerte legalismo, sin entender porque siguen sus normas. Pues, para apartar a los lobos, se integra un «Escuadrón de Cazadores de Lobo» que irá a Las Flores con usted, René.

— ¿Cómo formamos el escuadrón? —le preguntó Toño a Lentes—. Quiero ayudar a René.

—Deben escribir un pacto los ancianos pastorales, basado en Romanos 15:20-21, de no meterse en otro rebaño sin la invitación del encargado. Lo deben firmar todos en la presencia de Samuel Fordson. Si él no lo firma, se declara públicamente ser lobo, y nadie lo va a respetar. Si lo firma y sigue robando ovejas, tendrán ustedes una palanca fuerte en la mano para tratarlo.

Conformar la manera de capacitar a pastores a las condiciones actuales y locales

Organizó René a los cazadores de lobos. Marcharon a Las Flores e hicieron frente a Samuel y Pecas. Todos firmaron el acuerdo de respetar los rebaños ajenos, menos los dos lobos. Se disculpó Samuel:

—Estos dirigentes no son legítimos; les falta la educación teológica.

—Es que la recibimos por extensión, don Samuel —le contestó Toño—. Es un método bíblico; el Rey Josafat mandó maestros a las aldeas, y Pablo inició sus cadenas de mentoreo, que aceleraron el plantar iglesias.

—Plantarlas tan rápido como lo hacen ustedes deja entrar la falsa doctrina.

—Al contrario, Samuel —le corregí—. Las falsas doctrinas comunes y más dañinas no han surgido de iglesias nuevas con miembros de poca educación académica, sino de las iglesias viejas y estériles.

—Por favor, hermanos —les rogó Toño a Samuel y su hijo—, firmen este acuerdo de respetar los rebaños ajenos, y quedaremos en paz.

Hacer discípulos a razas y las gentes descuidadas

Pecas tomó la pluma, pero Samuel le dio a la mano una bofetada. Exclamó el dueño de la casa:

– ¡Ya ve! Hermano Toño, yo me junté con don Samuel sin saber que se había separado de ustedes. Nosotros nos quedaremos con ustedes.

Roy y su esposa Rosa salieron felices de Los Murciélagos. El papayo seguía trepando hacia el cielo, y el pueblo permanecía tranquilo, hasta que Mincho llegó un día para rogarme:

– Me canso de la fricción tan amarga con Simón. Ven. Llegaremos a un acuerdo entre nosotros tres, Simón, tú, y yo.

–Tendría que ser los cuatro. Jesucristo nos acompañará también.

Acercándonos a la casa grande, escuchamos a Ávila ensayar un canto. Repetía una nota alta para afinar la voz. Simón abrió la puerta, miró a Mincho, y tomó un paso hacia atrás.

– ¡Benjamín Medina! ¿Vino para desnucarme en mi casa?

–Vine a pedirle perdón. Jesucristo me ha lavado el odio que yo le guardaba.

–Se lo creeré cuando deje de organizar a mis mineros, le digo.

–La mina es otra cosa, don. Por mi maldad le ruego perdonarme. Le toca a usted pedir perdón a Dios por la suya. Hace poco un minero cayó en el pozo por falta de garantías de seguridad; y usted no amparó a la viuda. Pero no vine para tratar esas faltas; vine para hacer la paz.

Le ofreció la mano Mincho, y Simón tomó un paso para atrás. Ávila forzaba la nota alta y Simón tenía que gritar para que le oyéramos:

–Dios me ha bendecido, le digo. Pero a usted no, Mincho. Es obvio. Mire la casa y lo que poseo. ¡Mírelo, Benjamín Medina!

–Don, usted es el más pobre del pueblo de Los Murciélagos. Hasta luego.

Evitar que una camarilla controle a una congregación

– ¡Mucha atención! ¡Gran campaña!

Amós Núñez rodeaba la plaza con un parlante, en el auto de Ávila.

–Una semana de predicación dinámica por el famoso conferencista el Reverendo Amós Núñez. ¡Gran campaña! ¡Todas las noches! Patrocinada por las iglesias evangélicas de Los Murciélagos.

Lo paré.

–No es patrocinada por nuestra iglesia su campaña, señor Núñez.

–Pero que sí, muchacho. Doña Ávila me contó que muchos están de acuerdo. Va a cantar ella un solo todas las noches.

–Eso, sí, creo. Pues, la campaña es cosa de usted y Ávila.

–Una campaña pública siempre es el mejor método de evangelizar, Jaime.

–A veces sí, y a veces no. Los fieles pueden pensar que sólo un evangelista profesional puede traer a la gente a Jesucristo, y dejar de hacerlo. Casi todos los cristianos que conozco recibieron a Jesús por el testimonio de sus amigos.

Asistí a la campaña. Cantó Ávila, y los perros la acompañaron aullando. Amós predicó de una manera ostentosa, y Chiquillo puntuaba las frases:

– ¡Gloria! ¡Derrámense las bendiciones! ¡Derrámense!

Sopló un viento, y se echó a llover. Se mojó el parlante; echó chispas y con un destello se enmudeció. La gente salió corriendo, y Amós le imploró:

– ¡No se vayan! No importan algunas gotitas.

Se vació la cancha. Quedó tiritando Chiquillo; al día siguiente amaneció con catarro, y no volvió a asistir. Amós predicó dos noches más a poca gente; y cada vez respondió el mismo borracho a la invitación a seguir a Dios. Ávila no volvió a divertir los perros.

Cumplir los pasos bíblicos para tratar las ofensas

Llegó Amós al culto unido en la cancha de futbol, y nos anunció a todos:

–Quiero volver a esta iglesia; yo no causo división. Pero sí voy a corregir algunos errores. Pastor Arturo Gómez, usted y Jaime García no han predicado toda la verdad como es. Por esto, el pueblo está duro.

Le corrigió Arturo:

–El pueblo no está duro, Amós. La gente responde a Jesucristo cuando la tratamos con amor en sus casas y oramos por los enfermos.

Yo olía intriga, y mi olfato no me engañaba; Amós llamó una Sesión de Emergencia, y leyó una carta del Pantero. Había triplicado lo que pagaría por la capilla y su terreno, y ofreció empleo lucrativo a los miembros de la iglesia, con tal de que nombraran a Amós Núñez como pastor. Amós anunció al pueblo:

–Se finalizará la venta con una ceremonia cuando todos del pueblo y de las aldeas se congreguen en la plaza para la gran Fiesta de San Muñoz.

Hacer discípulos a razas y las gentes descuidadas

– ¡No! –gritó Pacho–. Esa carta vino del infierno. No convenimos.

–Cálmese, señor barbero. Urge contestarla. Edificaremos otro templo bellísimo, el más famoso de la república, y ustedes ganarán unos sueldos impresionantes.

Amós seguía enfatizando los grandes sueldos, y pidió que votaran sin dilatar. Lo hicieron sin orar y sin considerarlo. La mayoría favoreció la venta, y recibimos al Rev. Amós Núñez como pastor. Pacho protestó vigorosamente:

– ¡Fue ilegal la votación! ¿Verdad, licenciado? Dígales, Arturo.

–Fue legal, hermano. Lamentablemente legal, pero injusta.

Asistieron pocos al próximo culto con Amós. Pacho me llevó a hablar con él en privado, y le acusó:

–Señor Núñez, usted le mintió a la congregación. Yo me comuniqué con mi primo en la ciudad, y me informó que usted fue pastor, pero lo despidieron por mal testimonio. Además, usted no es un reverendo; usted solicitó la ordenación, y el concilio se lo negó. Engañó a la congregación; esto anula su pastoreo.

– ¡No, Pacho! Renuncié aquella vez por mi propia cuenta. Su primo me tenía envidia.

–Si no confiesa sus mentiras a la congregación, tomaré los pasos que Jesucristo ordenó para tratar tales ofensas.

–No me da miedo usted, barbero. Me instalaron por votación legal, y me apoyarán para recibir los sueldos del Pantero. La plata habla con una voz más persuasiva que las quejas inútiles de usted.

¡Qué venga el amanecer!

Al próximo día fui con Pacho, Tornillo y Colón para constar el caso de Amós Núñez, pero él no nos escuchara. Entonces tomamos el próximo paso para tratar una ofensa; Pacho anunció a la entera congregación:

—Es necesario tratar un agravio de Amós Núñez. Hemos seguido los pasos a pie de la letra que Jesucristo ordenó en Mateo 18 para tratar al que siga ofendiendo. Yo le hablé en privado, y no me hizo caso. Le hablaron los testigos que constaron la ofensa, y tampoco les hizo caso. Ya que nuestro Señor lo ordena, hemos de tratarlo ante la asamblea. Sr. Amós Núñez, voy a leer una carta de mi primo acerca de la conducta de usted en la ciudad.

—No tiene que leerla. Me renuncio. No quiero entrar en las farsas de usted y Jaime. No me bajo a su nivel. Hermanos, ya no me congrego más con ustedes.

Se fue, y muchos expresaron alegría, pero Arturo les rogó:

—No celebren esto. Amós ya logró lo que codiciaba. Consiguió ayer las firmas para legalizar la venta del terreno. No la podemos impedir.

—Podemos volver a ocupar la capilla —urgió Ávila—, hasta que el Pantero firme el documento el día de la fiesta de San Muñoz. Mientras tanto, erigiremos el nuevo templo grande y bellísimo.

Luz enfatizó:

—Ya no quiero volver aquella capilla; un espíritu de tinieblas corrompe hasta el aire en ella.

Adorábamos a Dios en las casas, y al fin del mes se reunían todos nuestros grupos en la cancha de fútbol. Amós reunía a unos pocos seguidores en el templo que habíamos abandonado.

Me avisó Lentes.

—Se ha metido en el pueblo el lobo de pelo rojo. Samuel acosa a las ovejas tiernas. Ahora está visitando al nuevo hermano Tadeo. Ven.

En la casa de Tadeo, le acusó Lentes a Samuel:

—Usted no respeta los rebaños ajenos, don.

—No puedo respetarlos, joven. El ministerio de ustedes es un desastre; les falta una preparación adecuada.

Seguía fustigando, y lo amonestó Tadeo:

Hacer discípulos a razas y las gentes descuidadas

–Señor Fordson, en mi casa tratamos a nuestros hermanos en Cristo con respeto. Si algo es la voluntad de Dios, no ha de impulsarlo tan negativamente con tantas críticas.

Le felicité a Tadeo, y nos marchamos. Julito se juntó con nosotros, y me pidió:

–Ayúdenos a discernir la voluntad de Dios. Nuestro tío que empleaba a Nando nos empleará a Lentes y mí en su pesquero con un sueldo bien generoso. Podríamos testificar por Cristo a los marineros.

–Díganos qué hacer –me rogó Lentes–. Usted es sabio.

– ¿Yo sabio? ¡Ojalá! Pues, nacen muchas iglesias en el campo por medio de la obra de ustedes en obediencia a Cristo. ¿Lograrán esto viajando en el mar?

–No, don Jaime. No voy a abandonar mis responsabilidades. ¿Y tú, Julito?

–Yo, sí, me voy a embarcar y ver el mundo. No tengo responsabilidades serias aquí, y este pueblito me aburre.

Compartir las tareas pastorales entre los aprendices

–Te ves preocupado, Jaime –Me miraba Luz–. Debes estar alegre; hoy celebraremos el culto mensual de todos los grupos unidos, en la cancha de fútbol.

–Es que me toca enseñar al gentío. No puedo predicar un sermón; me da pena. Prefiero que los adultos y niños ayuden a enseñar con sus testimonios, exhortaciones e historias bíblicas.

–Entonces pídeles hacerlo.

Llegó Pastor Carlos usando su bastón, y al concluir el culto, él habló con los otros ancianos, y Pacho anunció a la asamblea:

–Hemos buscado a alguien que pastoree nuestra iglesia madre. Preguntamos a varios candidatos si abrazarían nuestra visión de multiplicar iglesias hijas y nietas en el pueblo y en las aldeas. Ninguno lo afirmó con entusiasmo. Oramos, los ancianos y queremos encargar a Jaime García como pastor principal.

Yo iba a expresar mis dudas, pero un viejo miembro lo hizo por mí.

–Pacho, Jaime ha andado con pistola y ha reñido con los borrachos.

–Sí, pero también ha resuelto muchos pleitos, y sabe pastorear.

–Y asesora bien –dijo Tornillo–. Él sabe reformar a los borrachos como yo.

– ¡Pero conversa con su perro!

–Y con Dios –afirmó Hilda–. Ha sanado en el nombre de Jesús. Yo soy testigo.

–Además, le falta la secundaria. Se porta como campesino.

Le contestó Arturo:

–Portarse como campesino humilde para mí es una virtud. Jaime ya ha aprendido más que yo de la Biblia, del pastoreo, y de la teología. Además, ha pastoreado a sus grupitos con excelencia.

–Pero él ni siquiera ocupa el púlpito.

El Pastor Carlos me defendió:

–Ni yo tampoco, hermano. Muchos pastores han dejado el púlpito, para comunicar más directamente con la gente. Un púlpito puede ser una barrera entre el mensajero y los que reciben el mensaje.

–Pero Jaime tampoco predica sermones, Pastor Carlos.

–Él predica efectivamente a su modo, que no es por monólogo. Su estilo es lo mejor para los grupos pequeños y las iglesias hogareñas; también tiene una aplicación muy práctica para las congregaciones más grandes. Ordena Colosenses 3:16 enseñar los unos a los otros, y lo facilita Jaime. Aprendemos bien cuando cooperan varias personas con la enseñanza. Debemos evaluar su enseñanza por su fruto, no por su manera de hablar.

Aplaudieron algunos, y Carlos siguió:

–Les daré un monólogo acerca del monólogo. Yo antes sólo predicaba en monólogos; nadie me ayudaba a enseñar. No hice preguntas, y los niños y los jóvenes no presentaron historias bíblicas para ilustrar el tema, y no daba nadie su testimonio. Yo hacía todo. Pero ya no. Ahora cooperan todos, y crecen en Cristo mejor que nunca. Por esto, mis monólogos son muy cortos, como éste.

Empecé a objetar, pero Luz me clavó con el codo.

–Deja que Dios haga su voluntad, mi amor.

Me pusieron las manos y suplicaron a Dios que me fortaleciera. Lo primero que hice como pastor fue rogar a los ancianos:

–Favor dejen que Tornillo coordine los grupos en mi lugar.

–Fuera bien –contestó Colón–, ¿pero no sería mejor orden considerarlo en una sesión formal de negocios, Pastor Jaime?

Hacer discípulos a razas y las gentes descuidadas

–No habrá sesiones de negocios con todos los miembros, hasta que puedan deliberar sin pelear. Han discutido con amargura, han votado sin leer lo que la Biblia dice del asunto, han hecho reglas contrarias a las de Jesucristo y los apóstoles, y han elegido a puestos importantes a personas que faltan capacidad.

– ¿No tendrán ninguna voz los miembros? –me preguntó Ávila.

–Sí, doña, pero a la manera que resolvió la iglesia de Jerusalén el gran debate en Hechos 15. Los hermanos pueden participar sus opiniones a los ancianos, y éstos resolverán los asuntos sin ninguna discusión amarga. Volveremos a sesionar con todos cuando podamos portarnos más civilizados.

Nombramos a Tornillo como coordinador de las iglesias hogareñas en el pueblo, a Lentes como director de la educación pastoral en la zona al sur, a Mincho en las montañas, y a Colón al este. Arturo quedó como asesor de todos.

Pastor Carlos me pidió:

–Permítame acompañar a tu familia a la casa. Voy a cumplir mi misión.

Tornillo nos llevó en el taxi, y Carlos me informó:

–Ya me jubilo en estos días. Usted tomará mi puesto como mentor principal del área, que incluye Arenas. Arturo quiere servir bajo su dirección. Los líderes en Arenas también. Los que usted ha instruido pastorean bien y capacitan bien a otros líderes más. –Me puso las manos–. Señor Jesucristo, da a tu siervo Jaime el poder para servirte como pastor de pastores.

Luego nos informó con los ojos mojados:

–Ya no regresaré más a Los Murciélagos; a mi edad, ya no aguanto el viaje tan pesado.

16

Delegar a aprendices cargas serias hacer con la gente

Llevar a los aprendices pastorales consigo cuando trabaje con la gente

¡Popopopo!

–Odio ese sonido, Luz.– Empujé el plato con mi almuerzo a un lado–. Me quita el apetito.

–No hagas caso a ese Pantero, mi amor. Descansa. Ya no salgas hoy.

–Me urge orar por dos enfermos, tratar unas quejas de que Simón administre mal el comedor infantil, aconsejar a un matrimonio, visitar a nuevos hermanos, y...

– ¡Ay! ¡Es demasiado! No te toca hacerlo todo. Es tu problema de siempre.

– ¿Qué voy a hacer entonces?

–Comerte los frijoles.

Llegó Mincho, y me informó:

–Chuz Ochoa anda reclutando revolucionarios en el campo de damnificados. Si sigo yendo para ayudarles a desarrollar la agricultura, habrá violencia. ¿Qué hago?

–No vayas solo. Uno no debe hacer la obra del Señor a solas. Debemos trabajar de dos en dos como dijo Jesús, o con un equipo pequeño como lo hizo Pablo. Cristo nunca envió a ninguno a trabajar a solas; tampoco los apóstoles.

–Acompáñame, entonces.

– ¡No! –exclamó Luz–. Le falta descanso.

Repetí a Mincho las cosas que me tocaba hacer, y él me avisó:

–Mejor descansa. Llevaré a otros ayudantes al campo de damnificados. Tú debes repartir aquellas tareas entre los otros líderes.

– ¡Amén! –convino Luz.

Llegó una carta de Amós Núñez. La leí, e informó a Luz.

–Me acusa de sabotear su pastoreo. Me cataloga todas mis faltas.

Delegar a aprendices cargas serias hacer con la gente

Luz asió la carta, y la echó al fuego.

–Olvídate de eso. Ven. Come.

–Algunas de las acusaciones son verídicas.

– ¡Come!

Dejé la comida, tomé el sombrero y me salí. Lamenté a Lamelatas:

–Soy un inútil, chucho. No puedo pastorear cabalmente.

–Deja de charlar con ese perro –Luz me llamaba–. Ven. Come. Entonces haz lo que te avisó Mincho. Delega las tantas tareas a otros más.

Regresé, y Lucas entró con un arco y unas flechas:

–Mira, papi. Tornillo me los compuso. Disparemos a los pájaros. Ven.

–No les tires a las aves, hijo. Te haré un blanco.

Lo hice. Lanzábamos las flechas cuando me llamó Luz:

–Ven a comer, mi valiente arquero, antes de que te traiga por la oreja.

Obedecí, y Luz calentó los frijoles. Le declaré a ella:

–Delegaré mucha más obra pastoral a los aprendices, como dijo Mincho.

Me dormí, y desperté aliviado.

Llegar a ser líder de líderes movilizando a nuevos líderes

– ¡Soy un haragán, Luz! Ya que comparto las tareas, no hago casi nada.

–Pero que sí. Ahora cuidas muy bien a tu familia.

Luego se paró el taxi. Se apearon una dama galana y un señor de aspecto profesional que se presentó:

–Mi nombre es Tomás Pérez. Esta es mi esposa, Sara. Soy pastor de la Iglesia Santa Trinidad en la capital.

Sara nos regaló, incluso a Lucas y Carlitos, plumas con una inscripción.

– ¿Qué dice, Lucas? –Carlitos brincaba de alegría–. ¿Qué dice la pluma?

–«Jesús, la Vía, la Verdad y la Vida». Te enseñaré a escribir con ella.

¡Qué venga el amanecer!

Nos contó Tomás:

—Visitábamos a mis suegros en Los Robles, y el pastor Chacón nos mostró un mapa rústico. Había unas flechas que indicaban las proyecciones de las iglesias, y también los nombres de los obreros responsables para establecer iglesias en cada aldea del área. Chacón nos explicó que ustedes combinan la plantación de iglesias con el mentoreo para nuevos líderes. Pues, venimos para aprender de ustedes. Queremos tomar los mismos pasos.

Se rio Luz:

—¡Ojalá, no todos los mismo pasos! Dejaron a Jaime tatuado de cicatrices.

—Así como el apóstol Pablo. Pues, nos quedaremos hasta conocer el secreto, Jaime.

—No hay secreto, sólo sudor. Se hace lo que hizo Pablo, nada más.

—Por favor, señores —nos imploró Sara—. Tratemos al santo apóstol más tarde. ¡Estoy agotada! Señor taxista, llévenos a un hotel.

—No hay hotel, doña —le avisó Tornillo—. Sólo una pensión ruin con cuartitos microscópicos. Allí faltan las comodidades, pero abundan los chinches.

—Quédense con nosotros —les invito Luz—, si pueden perdonar la posada tan humilde.

Alguien tocó, y abrí. ¡Era el lobo!

—Perdona una molestia, hermano —me rogó Samuel Fordson—. Mi hijo Enrique apartó a un borracho de una reunión, y ese lo apuñaló. Ha sangrado profusamente, y le urge una transfusión de sangre. Su tipo de sangre es raro, O-negativo. Usted es la única persona registrada en el Centro de Salud que lo tiene.

Fui con Samuel. Mientras me sacaban la sangre, Samuel me avisó:

—Enrique tiene la preparación que le falta a usted, Jaime. Es inteligente. Usted debe ponerlo a dirigir la educación teológica de los nuevos pastores.

—Uno no se promueve así en nuestra organización. Se hace líder de líderes cuando capacite y movilice a otros nuevos líderes. Entonces uno es líder de los que él mismo prepare. Uno no sube una escalera trepando sobre el lomo de otros líderes. Extiende la escalera añadiendo nuevos peldaños abajo, por medio de capacitar a nuevos aprendices que pastoreen a nuevas congregaciones. Le ayudaré a Pecas a hacerlo.

—Gracias por la sangre.

Delegar a aprendices cargas serias hacer con la gente

Hacer toda actividad vital sin destacar alguna demasiado

Cuando regresé a casa, Arturo hablaba con Tomás y Sara, y ella le preguntó acerca de su familia. Él les contó la tragedia de Olga, y enjugó sus lágrimas.

–Perdónenme, doña Sara. Ya hace dos años; debo controlarme mejor.

– ¿Dos años? Por esto se ha adelgazado tanto, Pastor Arturo. Le falta una esposa; voy a encontrarle una.

– ¡Jamás! Nunca olvidaré a Olga. .Me quedaré viudo, doña, para siempre.

– ¿Siempre? ¡De veras! –se guiñó a Luz–. Vamos a ver.

–Cuidado, Licenciado –se rio Tomás–. Sara logra sus intenciones. Pues, el multiplicar iglesias hogareñas para mí es algo nuevo. Los grupitos de mi iglesia estudian la Biblia y se gozan de un compañerismo valioso, pero no evangelizan como deben hacer una iglesia cabal. Explíquemelo, por favor, Pastor Arturo.

–Para multiplicar, los fieles se reúnen en casas de los amigos que todavía no conocen a Jesús, y se edifican los unos a los otros. 1ª de Corintios 14 lo explica. El Espíritu Santo convence a los amigos poderosamente cuando hacen lo que corresponda a sus distintos dones espirituales, y conversan con libertad.

– ¿Cómo podemos empezar esto con gente tan tradicional?

Arturo me pidió contestarle.

– ¿Cuál es la pericia más destacada de su iglesia, don?

Tomás quedó pensando, y Sara opinó:

–Es la exposición de la Palabra de Dios, Jaime. ¿Por qué?

–Lo que flaquea a una iglesia es su pericia más destacada. La lleva a un exceso, y eclipsa los otros ministerios vitales. Muchos hermanos no usan sus dones suficientemente.

–Esto era mi flaqueza –confesó Arturo–. Tuve que dejar de destacar sólo los dones espirituales de enseñar y evangelizar, para armonizar todos los ministerios vitales de la iglesia. Los miembros comenzaron a usar bien sus diferentes dones que Dios les había dado. Desarrollando todos los ministerios vitales evangelizamos más que nunca, porque el cuerpo funciona a su modo normal.

Le mostré a Tomás el *Registro de Tareas Vitales*, y él confesó:

–No hacemos todas estas tareas. No iniciamos iglesias hijas, y poco llevamos las buenas nuevas de Cristo a los hogares. Me falta experiencia en esto.

¡Qué venga el amanecer!

—Entonces venga conmigo, hermano, a Barrio Bajo.

Evangelizar primero al padre de una familia

Vimos a una señora que molía maíz en una cocina rústica fuera de la casa.

—Buenos días, doña –le saludé–. ¿Está tu marido?

—Neto anda trayendo leña. Ya viene pronto. Pasen adelante.

—Gracias. Regresaremos cuando él llegue.

Seguimos caminando.

—¿Por qué no habló con ella, Jaime?

—Respetamos al padre de familia, y lo evangelizamos primero. En casi todos los casos, la familia se divide si la mujer recibe a Jesucristo primero; si el hombre responde primero, se trae a la familia entera.

—En algunas culturas las mujeres son jefas de familia.

—He leído esto. Si alguien llegara a mi casa sin conocernos, pensaría que Luz fuera la jefa. Habla más, y decide cuestiones de la casa. Pero en lo importante ella siempre se somete a mí. Bueno... casi siempre.

—Mire. Ya llegó Neto, el marido.

Regresamos, y hablamos con Neto. Oramos por una hija enferma, y le pedí a Tomás que les contara la historia del paralítico que bajaron del techo para que Jesucristo lo sanara. Luego conversamos acerca de la crucifixión y resurrección de Jesucristo. Le pregunté a Neto:

—¿Podemos volver para enseñar esto a tus amigos?

—Por favor.

—Mientras tanto, cuéntales tú la historia del paralítico. ¿Puedes repetirla?

Lo hizo, y Tomás le entregó una pluma con el mensaje acerca de Jesucristo.

—No sé ni leer, don –Su cara se enrojeció, apenado.

—Si quieres aprender, te enseñaremos –le dije.

—Claro que sí.

Dejar que el rebaño escape de las paredes recluidas

Regresando a casa, comenté a Tomás:

—Algunos adultos analfabetos piensan que les falta inteligencia para leer, pero es que no ven bien las letras. Hemos recogido algunos anteojos desechados. Le traeré un surtido a Neto; él podrá probarlos hasta poder ver bien.

Delegar a aprendices cargas serias hacer con la gente

–Me sorprende que uno que no conoce a Cristo enseñaría la Palabra de Dios. ¿Cree usted que Neto les contará a sus amigos la historia del paralítico?

–Cómo no. Los analfabetos desean aprender cosas de valor. Vale más que los vecinos escuchen a un amigo o familiar contarles el evangelio de Cristo. Ayudaremos a Neto a recoger un grupo, y Pronto nacerá otra iglesia hogareña.

– ¿Por qué no los invitó a un culto de la iglesia madre?

–Ellos pueden recibir más fácilmente a Jesucristo estando con sus familiares y amigos. Cuando un jefe de familia muestra interés, le pedimos reunir a los suyos, como lo hicieron los apóstoles. Cuando se reúnen en sus propios hogares primero, reconocen cuál es la iglesia que les pertenece. Pero si asisten a otra iglesia primero, estando tiernos, se pueden confundir de cuál sea su iglesia. La familia que recibe a Cristo debe ser el núcleo de una nueva iglesia hogareña; así se efectúa la rápida plantación de iglesias.

–Ya entiendo. Los apóstoles trataron a las familias enteras; haremos lo mismo, tal como usted lo explicó.

–El Espíritu Santo trabaja poderosamente dentro de las redes de amistades. Neto no se hallaría con los hermanos más educados de la iglesia madre, y su mujer no tiene ropa adecuada. Con tiempo, les convendrán asistir a los cultos unidos con las otras iglesias. Ahora, no.

–Son apóstoles modernos ustedes. Veo que mi congregación guarda algunas tradiciones que impiden hacer lo que ustedes hacen. ¿Cómo podré liberarla?

–El pastor Carlos Méndez nos liberó de tales tradiciones. Él expone claramente las pautas del Nuevo Testamento para multiplicar las congregaciones.

Tornillo llevó a Tomás a Arenas, con Lentes, Arturo y yo. Al llegar a la casa de Carlos, encontramos a un gentío. Un vecino nos informó:

–Anoche falleció el Pastor Carlos.

Me quedé chocado, sin poder hablar, y el vecino le elogió al finado:

–Por cuarenta años nos pastoreó con gran amor. Preparó a líderes aquí y en las aldeas. Pues, una vez le pregunté por qué quería abrir iglesias hogareñas ya que teníamos un templo adecuado. Me indicó las casas vecinas, y dijo, «Esa gente no llegará a la iglesia, de modo que llevaremos la iglesia a ella».

La viuda de Carlos me trajo el gorro de piel de zorrillo.

–Carlos me pidió dártelo. Eres el Eliseo que hereda el manto de Elías.

¡Qué venga el amanecer!

Lloré como un niño.

Regresando a Los Murciélagos, le urgí a Lentes:

—Explíquele a Pastor Tomás las pautas para multiplicar iglesias que nos enseñó Pastor Carlos.

Lentes le mostró unos cuadritos en su cuaderno.

Tratar a las familias enteras de la misma red social. Jesucristo ordenó buscar a los «hijos de paz» para comunicar el evangelio a sus amigos íntimos en los hogares. Pedro y sus compañeros hicieron esto, en Hechos 10:24.

Obedecer al Rey de Reyes sobre todo. Hagan discípulos enseñándoles a obedecer por amor los mandamientos de Jesucristo antes de todo. Coronen así a Cristo como Rey de la nueva iglesia; no es suficiente alabarlo sólo de labios.

Desarrollar un compañerismo vivo en que todos participan. Toman parte todos activamente en la adoración, y celebren la Cena del Señor. Coloquen las sillas o bancos en un círculo para que todos se vean y se hablen. Dejen que los jóvenes hagan discípulos a otros jóvenes y a los niños.

Capacitar cada líder a otros líderes más nuevos de las iglesias hijas. Formen cadenas de mentoreo como una carrera de relevos, tal como lo hizo el apóstol Pablo (2ª Tim. 2:2). Nuevos líderes acompañan a sus mentores mientras pastoreen a la gente.

Multiplicarse iglesias rápidamente. Formen iglesias de hogar que sigan los mismos pasos para iniciar iglesias sencillas como en el Nuevo Testamento.

Delegar a aprendices cargas serias hacer con la gente

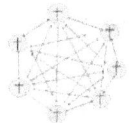

Servirse las iglesias, edificándose las unas a las otras. Colaboren los rebaños como un cuerpo regional. Se reúnen todos juntos de vez en cuando para celebrar cultos, hacer planes, y comunicar el progreso de cada iglesia.

Al regresar, Tomás exclamó a Sara:

– ¡Ya descubrí el secreto! Ni nuestro evangelismo y ni el seminario son completos sin esta perla que nos ha caído del cielo.

– ¿Perla?

–Debemos llevar la iglesia a la gente, Sara. Jesucristo no quedó siempre en el templo, sino que caminaba hacia las aldeas y los barrios, platicando en los hogares y capacitando a los líderes para capacitar a otros por cadena. Hemos pastoreado sólo a los que llegaran a nuestras aulas.

–Es cierto. Jesús avisó no poner un farol bajo un cajón, pero al nacer una nueva iglesia, lo primero que hemos hecho es erigir el cajón alrededor de ella.

Acertar que una obra caritativa sea legítima antes de donarle fondos

Tornillo manejaba el viejo camión de Colón, El Caribe, para llevar a algunos a Los Robles para celebrar un culto con la iglesia de Chacón. Luz y Evita iban en la cabina; Lentes, yo, y otros varones íbamos atrás. Brincaba El Caribe, y yo grité:

– ¡Despacio, Tornillo! Esta carretera fea nos agita demasiado.

Nos paramos para reparar una llanta, y se sentía gasolina. Tornillo lamentó:

–Rompió el tanque una piedra. Chorrea la gasolina por un hoyito.

Estacionó el camión inclinado, con las ruedas delanteras sobre unas rocas, para que el combustible no se vaciara del todo. Corrió a una casa y volvió con un pedacito de jabón; tapó el hoyo, y seguimos viajando.

Pasamos a dos jóvenes peludos que le rogaron a Tornillo llevarlos. Pronto pasamos una casa, y los peludos vociferaron:

– ¡Ola suegro!

Salió un señor con su machete y clamó unas maldiciones. Llegamos a una cuesta empinada, y Tornillo paró el camión.

¡Qué venga el amanecer!

—Tienen que bajarse. Los frenos están gastados. No aguantarán tanto peso.

Caminamos al fondo por un rato, y luego seguimos en El Caribe. Vadeó un río, y pasamos a unas mujeres llevando agua en sus cabezas. Llegamos en Los Robles, y vinieron corriendo los niños. Treparon al camión gritando:

– ¡Llévanos! ¡Llévanos!

Los llevó Tornillo. Estábamos apenas saludando a Chacón y su esposa cuando llegó una camioneta. Amós Núñez bajó una cámara de televisión. No le habló a nadie; empezó a tomar fotos a unas casas abandonadas, y a alguna gente enferma, fingiendo enjugar sus lágrimas.

—Observen el miserable estado de los damnificados. Sufren ellos todavía por los efectos del huracán. ¡Manden hoy su donativo!

Terminó su trabajo, cargó el equipo, y se marchó. Gruñó Chacón:

– ¡Qué mentiroso! No nos falta la comida; el río no alcanzó las labranzas. Él ya ha venido tres veces con esa cámara para hacer su propaganda. No ha traído ninguna ayuda, ni lo va a hacer, Jaime.

—No es el único que engaña. Averigüemos tales solicitudes antes de donar.

Que todos los que tengan el don pastoral lo ocupe, tan humildes que sean

Caminamos al río para los bautismos. Chacón y una diaconisa bautizaban a una hermana cuando alguien empezó a arrojarnos piedras desde una ribera alta. Una roca dio a la hermana, hiriéndola; cayó sin conocimiento en el agua que se puso roja. La llevamos a la orilla, y cuando volvió en sí, gimió:

—Mi vista está turbia.

Delegar a aprendices cargas serias hacer con la gente

–Llevémosla a la casa –urgió Chacón.

– ¡No! ¡Bautícenme! ¡Por favor bautícenme!

Se bautizó. Chacón oró por ella, y por los otros enfermos. Lentes enseñó los mandamientos de Cristo a los pastores de las nuevas iglesias, y entregó diferentes estudios a ellos conforme a las varias tareas que iba a realizar cada rebaño. Nos llamó a almorzar la esposa de Chacón, y nos sentamos en un tronco caído. Una señorita le trajo a Lentes un plato muy lleno, y se sentó.

–Yo me llamo Lorena. Tengo diecinueve años, pero me parezco más joven.

–E... Lentes. Lentes Díaz, para servirte.

Lorena le rogó a Luz:

– ¿Les falta una empleada? Yo cocino y lavo ropa.

–Lo siento, hermana. No estamos en condiciones para emplearla.

–No aguanto vivir en este campo desolado, señora. Tengo diecinueve años, aunque me parezco más joven.

Íbamos a salir, y Tornillo bombeó aire a una llanta. Lorena le preguntó a Lentes.

– ¿Cuándo vuelves, hermano?

–Quizás pronto.

Nos marchamos, y Tornillo paró por el río para lavarse las manos. Miré acercarse un hocico seguido por dos ojos grandes, y le grité:

– ¡Es un Cocodrilo! ¡Quítate de ahí, Tornillo! ¡Es enorme!

Corrió Tornillo, y él lagarto lo persiguió. Con un brinco Tornillo trepó en el camión. El reptil quedó mirándolo con ojos hambrientos.

–Atrapémoslo, Jaime.

Hice un lazo con mi faja, la fijé a un palo, y lo apretamos alrededor del hocico del animal. Dio tirones fuertes, y me costó sostener el palo; tenía que sostener mis pantalones con la otra mano. Íbamos a llevar nuestro premio en el camión, pero se quejaron las mujeres, y botamos el dragón en el río.

Luz le preguntó a Lentes:

– ¿Quién era la doncella tan hermosa del vestido azul?

–E... habían varias mujeres que usaban vestidos azules, doña. Parece que es el color de preferencia en Los Robles.

¡Qué venga el amanecer!

– ¡De veras! ¿No te fijaste en la de diecinueve años que parecía más joven? Te dijo «Adiós» tres veces.

Se enrojeció la cara de Lentes, y todos se rieron.

Nombrar diáconos para dirigir la obra de piedad

El jabón que sellaba el tanque duró hasta llegar a Los Murciélagos. Pacho ya me esperaba.

–Julito está preso en la capital, Jaime; le acusan de traficar con drogas.

Viajé con Pacho y Arturo para ver a Julito. Nos relató:

–Es que me ofrecía más sueldo otro barco. Lo cargamos de cocos y navegamos para Miami. Un guardacostas nos paró y registró la carga. Hallaron drogas ilegales debajo de los cocos. ¡Ay de mí, papá! ¿Estás enojado?

– ¡No hijo!

–Le abogaré el caso. –le aseguró Arturo.

Llegaron al presidio Tomás y Sara; ella traía un plato.

–Es arroz con pollo para el marinero hambriento.

Un guarda lo registró, comió la mitad, y lo entregó a Julito. Arturo convenció al juez de que Julito no sabía nada del contrabando, y lo libraron.

–Ya no vuelvo al mar –nos declaró.

Llegué a casa, y abrazaba a Luz y los niños cuando llegaron dos soldados.

–Jaime García, hallamos fardos de amapola detrás de tu casa. Venga.

– ¡Amapola! Pues, alguien la metió para inculparme a mí. No me iré con ustedes.

Delegar a aprendices cargas serias hacer con la gente

Uno me apuntó el rifle, y tuve que detener al perro. Me llevaron, dejando llorando a Luz y los niños. En la delegación militar, me interrogó un soldado.

– ¿Quién le compra la amapola?

–No he tenido nada que ver con la amapola.

– ¿Dónde la consiguió?

–Ya le dije; no sé nada de ella.

–Ávila de Álvarez le miró llevar fardos de amapola del Almacén del Pueblo.

–Eso sí. Los arrojé en el río.

– ¡No me esté con papadas! Quedará usted preso hasta que lo confiese.

Al tercer día me llevaron de la cárcel al Palacio Municipal; estaban Arturo y Ávila allí, y el alcalde me informó:

–Doña Ávila lo vio cargando unos fardos de amapola desde el Almacén del Pueblo.

– ¿No le contó ella que los boté en el río, don Ponce?

–Licenciado, ¿responderá usted por Jaime, si lo pongo en libertad?

–Ciertamente.

Saliendo del palacio municipal, Arturo me informó:

–Administra Simón el comedor infantil, y los padres se quejan de que sus hijos no reciban casi nada. Venga. Le preguntaremos por qué.

Pero no hallamos a Simón. Arturo regresó a su despacho, y fui al comedor infantil. Al acercarme, vi a Mario cargar unos sacos de leche en polvo en una carreta de mano. No me miró, y lo seguí por una senda por el río. Pasando donde las mujeres lavaban ropa, una le preguntó:

– ¿Qué llevas allí, Mario?

–Es un cemento.

Llegó a la pocilga de cerdos de Simón, y abrió un saco. Entonces yo le hablé.

–Buenos días, Mario. ¿Se nutren los cerdos ahora con cemento? La carne se hará dura.

– ¿Qué haces aquí, Jaime? Ya no eres empleado de Simón.

–Vale más. Él emplea a ladrones.

–Yo cumplo las órdenes de mi patrón, nada más. Si lo divulgas, te mataré.

–Mátame ahora, porque voy a contarle al director de Manos de Misericordia lo que hacen con la leche de los niños.

Yo había olvidado la pistola; me la apuntó. Disimulé tropezar contra un saco y caer. Agarré un puñado del polvo y lo arrojé en su vista. Le golpeé con el saco y nos cubrió una nube de polvo blanco. Él cayó; le di una patada a la mano que tenía la pistola, y la soltó. La agarré y se la apunté. Él me acusó:

– ¿Has llegado a ser un asesino igual a mí?

Lancé la pistola al charco de los cerdos. Mario arrancó una tabla de la cerca y la giró; los puntos de unos clavos oxidados me penetraron el hombro. Alzó el

Delegar a aprendices cargas serias hacer con la gente

machete que usaba para abrir los sacos. Me lancé contra sus piernas, tumbándolo contra la cerca, y ella se quebró. Caímos en el pestífero barro del chiquero, y luchamos en la suciedad. Le quité el machete, y me enloquecí de furia. Lo agarré por el cabello y le pegué la cabeza contra un poste; él empezó a chillar igual a los cerdos. Esto me calmó, y él se arrastró de la pocilga gimiendo. Hallé la pistola en el lodo y la lancé al río. Luego me tiré en el río con todo y ropa, para limpiarme.

Mi hombro infectado se hinchó y amanecí con temperatura. Reuní a los ancianos en la casa de Pacho, y llamé a Simón. Les conté lo que había pasado con Mario.

– ¡Siempre el peleón, Jaime! –se quejó Pacho–. Olvidaste que eres pastor.

–Les pido perdón. Me avergüenzo por pelear tan locamente. Don Simón, contaré al director de Manos de Misericordia lo que usted hacía con la leche.

– ¿Te atreves a declarar guerra contra mí, Jaime? Va a arrepentirse, le digo.

Se fue Simón. Dos niños habían escuchado por la ventana y le mofaron:

– ¡Lechero! ¡Lechero tocón! ¡Engorda los puercos con nuestra leche!

En camino a casa, yo ardía con fiebre y el hombro me dolía muchísimo. Me acosté, y llegaron Tornillo y Evita para orar por mí. Les mencioné:

–Respeto a ese comedor, Hechos seis define el tipo de persona que debe administrar tal proyecto. Los apóstoles nombraron como diáconos a gente llena del Espíritu Santo; servían como las manos del Espíritu Santo.

–Yo quiero ser diaconisa –me declaró Evita–. A las iglesias en el campo les faltan diáconos también. Quiero enseñarles a las damas a costurar, y a sembrar hortalizas para alimentar bien a sus hijos.

–Yo también –Tornillo se expresó –.Trataré las necesidades urgentes, sean lo que sean, la nutrición, la higiene, el agua pura, o la alfabetización.

Les nombramos a ellos como diáconos, y a Mincho también. Él acompañaba a Lentes a las aldeas, y capacitaba a los diáconos, mientras Lentes capacitaba a los pastores.

Una mañana temprano, Lentes llegó corriendo.

– ¡Me voy a casar!

– ¡Qué maravilloso!–exclamó Luz –. ¿Quién es la afortunada?

–Una hermana de Los Robles me ayuda a enseñar a las diaconisas y...

¡Qué venga el amanecer!

– ¡Es Lorena! ¡Mil bendiciones! ¡Me alegro! Ella es preciosa.

En ese momento llegaron a la casa tres miembros de la iglesia. Dos andaban descalzos; el otro era Aarón que trabajaba en la mina. Él había formado un grupo pequeño sin que nadie le instruyera. Inmediatamente el me acusó.

—Tú nos pones reglas a los líderes de grupo como si fuéramos empleados. Pues, entonces yo exijo el salario que me corresponde. Si no me lo da, tendré que dejar de servir como líder.

– ¿Quieres hacer huelga, Aarón? Yo tampoco recibo sueldo, ni el Licenciado Arturo Gómez. Él sirve a Cristo por amor, a pesar de su pobreza.

– ¡Pobreza! ¡Vaya! Él es abogado, y ellos son ricos.

—Arturo no es rico. Él rehúsa un sueldo de la iglesia por la misma razón que el apóstol Pablo; él sirve de ejemplo para los pastores auto-sostenidos. Además, Simón Álvarez les urge a los ganaderos y a los empresarios boicotear el oficio legal de Arturo.

—El Señor les manda compartir con los pobres. A mí me falta una bicicleta, y a estos les faltan zapatos.

—La codicia te ha enfermado, hermano Aarón.

—Cristo exige dar a los pobres. Pues, somos los más pobres del pueblo.

—Entonces hablen con los diáconos.

—Ya les hablé. Si no reconoces nuestra carencia, tomaremos medidas.

—Tómenlas, pues. Adiós.

Se marcharon, y Tornillo llegó riéndose.

—Esos descalzos recuperaron sus zapatos debajo de los arbustos por mi taller. Les escuché decir que iban a asociarse con la iglesia de Lorenzo, y con los Ingenieros Sociales. ¡Ligan a Jesucristo con Carlos Marx!

Aquella noche Luz me sacudía el hombro.

– ¡Veo culebras! Despiértate.

—Solo lo soñabas. Tranquílate.

—Pero se están metiendo en la casa. Prende la luz.

—Duérmete, Luz.

—Prende la luz, por favor.

La prendí.

Delegar a aprendices cargas serias hacer con la gente

–Prométeme no dejarme abandonada.

–Ya te lo prometí cuando nos casamos. –Apagué la luz.

–Otra vez, Jaime. Prométeme.

–Te lo prometo.

Lentes y Lorena llegaron temprano a la casa, y él nos rogó:

–Ayúdenos a planear nuestra boda, y dennos consejos para un matrimonio feliz.

–Bueno –le avisé–: en primer lugar, no deja que Lorena tenga pesadillas.

Luz me dio un golpecito. Lentes y yo hicimos unas sugerencias para las bodas, pero Luz y Lorena se rieron de nuestra ignorancia varonil.

No obligar a otros a conformarse a sus propios intereses

Venían llegando dos varones, y Lentes me preguntó:

– ¿Para qué asisten a nuestros cultos esos? Tienen que viajar desde Arenas.

–Son ranas. Saltan desde una iglesia a otra en busca de las nuevas experiencias.

Entraron las ranas, y uno me contó:

–Señor García, acabamos de orar por usted en la casa de Ávila de Álvarez. Queremos ayudarle a mejorar su pastoreo.

–Pues, estoy agradecido.

–Observamos cinco errores que han que corregir. Primero, vuelva con su gente a la iglesia original del Rev. Amós Díaz, que mantiene el debido orden y ocupa la capilla que Dios les ha proveído. Usted podrá servirle como ayudante. Segundo, reciba consejo de los experimentados de las iglesias maduras.

Escuché a Lucas en otro cuarto croar como rana.

–Tercero, su habla es rústica, de campesino. Otra persona debe predicar para que la gente docta respete la iglesia. Usted no predica correctamente porque deja que la gente haga preguntas y comente. Sus nuevos discípulos dan testimonio, y poco aprendemos de ellos. Estoy dispuesto a ocupar el púlpito cuando usted quiera.

–Sin duda.

–Cuarto, usted divide a la congregación en grupitos. Obstruye la unidad, y hasta los niños participan en la enseñanza. Fuera mejor que todos escucharan a un solo maestro. Quinto, usted bautiza a la ligera a la gente sin probarla primero, y la deja formar grupos con sus amigos en las casas, sin estar presente un pastor ordenado.

—Les aprecio la franqueza. Las prácticas que criticaron, menos la de mi habla, son del Nuevo Testamento. El Espíritu Santo nos impulsó a hacerlas, para obedecer a Jesucristo y sus apóstoles. Si no las aprueban, vuelvan a la iglesia que hace lo que desean. Gracias, señores.

—Oraremos por usted, señor García. —Y se fueron.

—Los trató un poco severo —me comentó Lentes.

—Paremos la guerra antes de que cobre impulso. Pablo trató severamente a los legalistas que metían tradiciones contra la gracia de Dios en Galacia.

Se fue Lentes, y le prometí a Luz:

—Voy a tomar una semana de vacaciones con mi familia, comenzando ahorita, pase lo que pase.

Ella se alegró, pero de repente nos llegó un telegrama: «Urge tu presencia. Chacón». Luz me dejó ir con Lentes a Dos Robles. Chacón nos contó:

—Nos han trastornado los constitutos de ustedes.

—¿Constitutos? —le preguntó Lentes—. ¿Qué quiere decir?

—Mi yerno andaba en el pueblo. Ávila de Álvarez se los entregó, y Simón le dijo que tenemos que seguir cada detalle.

—No los haga caso. No las guardamos a pie de la letra ahora. Son demasiado rígidos para un cuerpo vivo cuyos miembros todos participen en el discipulado.

—Ya ni estoy pastoreando. Nombraron en mi lugar a Porfirio, aquel joven que siempre viene peinándose.

Le saludamos a Porfirio, y le pregunté:

—¿Cómo progresa su trabajo pastoral?

—¿Trabajo? Ya no tengo que trabajar. Yo sólo predico.

—¿No haces nada además de predicar, hermano Porfirio?

—Lo que hago es ser pastor.

—¿Pero qué haces para ser pastor?

—Yo predico, hermano Jaime. Y la gente tiene que hacer lo que yo le diga.

—¡Ay, Porfirio! Dios ordena a los líderes servir sin señorío.

Delegar a aprendices cargas serias hacer con la gente

Nos llamó la esposa de Chacón:

—Ven a almorzar. Ya se acabaron los frijoles, pero hay yuca.

Pasamos dos días comiendo yuca y corrigiendo los errores de la iglesia. Renunció Porfirio, Chacón volvió a pastorear, y la congregación se normalizó.

Tener tiempos de descanso como lo hizo Jesucristo

Cuando llegué a casa Luz sollozaba. Me leyó de un periódico, «Pastor pistolero provoca violencia en Los Murciélagos. Jaime García apoya a subversivos que conspiran contra la patria».

—Simón ha llevado a cabo su amenaza.

—Él falsificó tus actividades en Las Brisas, y te acusó de algunos robos y asesinatos que los detectives no han resuelto. Escóndete mientras esté oscuro. Los Soldados ya han registrado la casa dos veces, buscándote. Lleva estos comestibles. ¡Date Prisa!

—Iré a los Robles. Lucas, tráete a Relámpagos.

Acabé de montar cuando los soldados me rondaron; me tiraron al suelo y me asieron los brazos. Lamelatas les atacó, y me soltaron. Corrí entre las sombras, y me siguieron disparando. Trepé la montaña con el perro, corriendo y cayendo en la oscuridad. Me paré para descansar, y vi la luz de varios focos. Yo había dejado huellas en el suelo mojado. Subí otra vez con más cuidado. Llovía y yo temblaba de frío. Intensificó la oscuridad, y me caí varias veces. Yo odiaba aquella negrura, y ella me odiaba a mí. Quería tragarme. Me acosté, arrimado al perro para calentarme.

Amanecí desorientado en un pequeño plano; las nubes oscurecieron el sol, y aún llovía. Caminé por dos días sin dirección y sin comer. Lamelatas cazó un conejo, e hice una hoguera para guisar la carne. La madera mojada echó humo que pudiera alertar a los soldados, y la apagué. Comimos la carne cruda, y Lamelatas meneaba la cola con alegría.

Pero yo seguí huyendo. Encontré una senda, y vi huellas; habían recién pasado unos caballos. Caminé sin saber adónde. Desde un cerro vi una choza en un claro, y bajé hacia ella. Un perro flaco anunció mi presencia, pero al ver a Lamelatas se escondió. Un montañero salió con machete, y una mujer le avisó desde la puerta:

— ¡Es un salvaje! Mira su ropa trozada.

—Es el que buscan los soldados. Anda huyendo.

–No soy un salvaje, pero sí ando de huida. Me acusaron falsamente. Soy pastor.

– ¡Jaime García! Perdona. Entre, hombre.

Comí unas tortillas, y Lamelatas mordisqueó el hueso de una pierna de venado. Lamelatas hizo tregua con el perro residente, y los dos se pusieron a vigilar mientras yo me dormía en una hamaca. Los gruñidos de Lamelatas me despertaron; el montañero había salido con su machete. Regresó y me avisó:

–Los soldados están bajando del cerro. Están lejos, pero lo verán si sale.

–Registrarán la casa otra vez –me avisó la esposa–. Póngase este vestido y sombrero de mujer. Déjelos por aquel pino. Váyase; camine con pasos cortos.

Salí, e iba recogiendo flores. Me metí entre unos espinos para que no me siguieran. Yo andaba sin dirección por varias horas. La noche trajo un aire helado, y me pegó una temperatura fuerte; me iba debilitando poco a poco.

– ¡Oh Dios, no puedo seguir! Si no hallo abrigo, me moriré.

De repente alumbró la luna una senda para abajo, y descendí por ella. Me caí, e iba a darme por vencido cuando vislumbré unas luces. ¡Era el pueblo! Gané ánimo. Usando un palo como bastón, llegué a mi barrio.

Vigilaba la casa un soldado; en aquel tiempo los soldados servían de policía en los pueblos pequeños. Traté de despertar a Tornillo, pero su perro me ladró, luego todos los perros del barrio anunciaron mi presencia. El soldado vino corriendo, y me escondí en la oscuridad. Silbé para Relámpago, y cabalgué calle arriba. Pasé a otros soldados'; uno me disparó sin efecto. Tomé el camino para Las Brisas. Debilitado por la fiebre y montado en pelo, me caí. No pude volver a montar, y seguí a pie, apoyándome en el cuello de la bestia.

Toqué la puerta de Mincho, y llamé, pero sin respuesta. Un viento helado soplaba fuertemente en esa cumbre, y me castañeteaban los dientes. Golpeé la puerta con una piedra, y por fin Mincho me abrió.

– ¡Jaime! Entre, hombre. Está temblando y tiene mucha calentura. –Sopló el fuego–. Oiga, le acusan de unos crímenes graves. ¡Hasta de asesinar a Olga de Gómez!

Me desperté tarde al próximo día, y bebí un caldo de pollo. Mincho mandó a un joven para avisarle a Luz. Cuando llegó, se alarmó al ver mi condición tan deplorable. Me atendió por dos semanas, y recuperé la fuerza. Le confesé:

Delegar a aprendices cargas serias hacer con la gente

—Dios me obligó a tomar una vacación, tal como era, y he sentido su presencia. Jesús y sus discípulos dejaron a la gente de vez en cuando para descansar. Yo fui muy burro por no tomar un descanso. Lo voy a hacer, con mi familia.

Mientras no pude regresar a casa, acompañé a Mincho y El Chorcho a las aldeas en la montaña, y nacieron dos iglesias más. Luz y yo regresamos al pueblo en la noche; un soldado aun vigilaba la casa. Luz despertó a Tornillo.

—Jaime vendrá mientras yo distraiga al soldado. Guarden callado al perro.

Caminando por la calle, Luz pasó al soldado y volteó a verlo. Le dijo:

—Buenas noches, oficial. Disculpe, ¿pero no es usted el primo de Berta? ¿Cómo sigue su nuevo bebé?

Se pusieron a platicar mientras que yo entraba a la casa. Luego le conté a la pareja lo que pasó, y Evita me informó:

—Chiquillo me entregó unos pedazos de mineral que halló arriba de la capilla. Los mandé a la universidad para analizarlos. Un científico del Ministerio de Recursos Naturales llegó con un detective que interrogó a Chiquillo, a Simón y a mí. Apuntaba unas notas y hablaba por un radio de banda corta. No nos dejó escuchar, y no divulgó el contenido de las muestras. Creo que es algún mineral radiactivo.

—Mejor quédate escondido aquí en nuestra casa —me avisó Tornillo.

Dejaron de vigilar la casa, y regresé a ella. Por fin reparé el portón que había tumbado Tornillo. Entonces los soldados volvieron a vigilar, pero sin entrar en la casa. Pasé una semana enjaulado como animal. Envié a Lucas para traer a Tornillo. Él llegó con Evita, y les participé:

—Me voy a entregar a las autoridades. No seguiré escondiéndome como un criminal. Tornillo, tú eres el Jefe de Policía. Aquí me tienes. Arréstame.

—¡Jaime, yo no soy un Judas! No recibirás justicia con esa gente. Simón le sobornará al juez.

—Pase lo que pase, viviré o moriré por la fe.

—¡Está loco! —exclamó Evita—. ¡La calentura le ha quemado el cerebro!

Lloraron Luz y los niños, y protestaron Tornillo y Evita, pero yo me entregué a los soldados.

17

Combatir las drogas ilícitas y el ocultismo

Vencer la hostilidad con un Pacto de Amor

– ¡García! –exclamó el sargento cuando entré a su oficina.

–A sus órdenes.

– ¡Le buscábamos por todas partes!

–Supongo que por tanto cariño que me tenían.

Me llevaron a la capital. Una bombilla brillaba día y noche en la celda aislada; me dificultaba dormir, y no me dejaron cubrir la cara ni acostarme de lado. Llegó Arturo para abogar mi caso, y me informó:

–Todos los hermanos están bien. Ya no estorban Simón y Ávila; están muy ocupados instalando unos muebles nuevos en su nueva casa. Esa casa es lujosa al extremo.

Me llevaron a una oficina donde me interrogó un tipo grave:

–Explíqueme su ideología política.

–Yo no soy político, don. Yo busco la justicia por medio de la fe en Jesucristo.

Así pasamos una hora; él siempre preguntando lo mismo, pero de diferentes maneras, y yo contestando igual. Al fin concluyó:

–Señor García, recomendaré exonerarlo, con una condición. Júntese con los Ingenieros Sociales, y disimule estar de acuerdo con ellos. Averigüe quiénes les proveen sus armas.

–Yo no soy espía, don; soy pastor. No puedo disimular. Les prometí ante Dios no exponer las actividades de ellos, para poder evangelizarlos.

–Si no lo hace, se quedará preso. Es mi condición. Escoja usted, señor García.

–Entonces me quedo preso.

Combatir las drogas ilícitas y el ocultismo

Hubo una encuesta para sentenciarme. Llegaron los abogados, periodistas y altos oficiales. Me sorprendió que Mincho se presentara; pidió la palabra, y divulgó:

—Yo fui un líder de los Ingenieros Sociales. Yo planeé las huelgas.

Prorrumpieron las exclamaciones, y el juez ordenó el silencio. Siguió Mincho:

—Me convertí a Jesucristo por el testimonio del acusado. Nos mostró cómo combatir la injusticia pacíficamente con el amor, y no el odio. Descubrí que la obediencia a Jesucristo trae más reforma que la revolución violenta.

—Señor Medina —respondió el juez—, admiró su valor y su sinceridad.

Le hicieron muchas preguntas a Mincho, y discutieron sobre lo que él les decía. Arturo les convenció que las acusaciones contra mí eran falsas, y me exoneraron. Saliendo del palacio de justicia, exclamó Arturo:

— ¡Es un milagro que no lo arrestaran, Mincho!

—Eso sí. Pues, les traigo malas noticias de Los Murciélagos. Los Ingenieros Sociales les obligan con armas a los cafeteros que les vendan el café, y les pagan muy poco. El odio está sofocando al pueblo, Jaime. Pronto habrá un choque sangriento.

—Entonces declaremos una guerra de amor, Mincho. Volveremos el bien por el mal, como manda Jesucristo.

— ¿Una guerra de amor? ¡Apunto el rifle y ordenó, «Ámame, o te mato»!

—Así no. Lo que les digo se basa en un Pacto de Amor que proviene del mandamiento de Jesucristo. Algunos de los dos lados lo confirmarán. Aunque seamos pocos, Jesús afirmó que sus seguidores son luz en un mundo oscuro. Hemos de servir de ejemplo, o nunca se resolverá nada.

Le pedimos a Dios sabiduría para componer el Pacto: «Perdonamos lo pasado sin discutirlo más, y buscamos el bien de aquellos que antes eran nuestros enemigos».

Regresando a Los Murciélagos, los soldados detuvieron el autobús por el Río Bravo, y registraron nuestros documentos.

— ¡Aquí está!

Uno me golpeó dolorosamente en el pecho con su rifle. Arturo les mostró la constancia de exoneración, pero no lo hicieron caso. Me encarcelaron hasta

¡Qué venga el amanecer!

que Arturo le mostró al alcalde Ponce el documento de exoneración, y él me liberó.

Abracé a mi familia, y Luz me avisó:

– ¡Te soltaron peludo del presidio, Sansón! Vete a la barbería.

Pacho me cortaba el cabello cuando llegó El Caribe cargado de café. Mincho y Tornillo le acompañaban a Colón que me contó:

–Chuz Ochoa juró matarme si no llevo el café al Almacén del Pueblo. Los cafeteros me esperan por el mercado con pistolas y machetes. Los Ingenieros Sociales también esperan ahí, con rifles.

–Ya se ha comenzado la guerra de amor –les urgí–. Vamos a ir y calmar a los cafeteros. Deje aquí el camión.

– ¡Espera! –me llamó Pacho–. No te terminé el corte.

Me informó Mincho:

–Me incendiaron la casa cuando yo estaba en la capital. Se quemó todo. Perdí la Ropa. Mis Libros. Las Fotos de mi familia. Se perdió todito. No sé quién lo provocó; ahora los enemigos vienen desde la derecha y la izquierda.

– ¡Qué desastre!

–Pero hay una cosa curiosa; hace poco Chuz me compró café en el mercado, y me declaró de que iba a buscar la paz.

Les rogué a los cafeteros congregados por el mercado:

–Ya no riñen con armas. Las autoridades pensarán que son iguales a los Ingenieros Sociales. Voy ahora a pedir a los soldados que nos protegen mientras descarguemos el café. Espérenme.

–Aquí te esperamos. –le contestó uno–, pero tarde o temprano se estallará la batalla. Mincho Medina, ¿qué hace aquí? Usted es uno de ellos.

–Ya no me asocio más con los Ingenieros Sociales. Les ayudaré a ustedes.

Declaró Tornillo a los cafeteros:

–Sé dónde encontrar la evidencia que incrimine a los Ingenieros Sociales. Voy ya para arrestar a los líderes.

Mincho, Colón y yo acompañamos a Tornillo al Almacén del Pueblo, y lo observamos desde los arbustos. Mario y Chuz descargaban unas cajas largas de un camión, y luego ponían unos fardos en su lugar.

Combatir las drogas ilícitas y el ocultismo

– ¡Es Increíble! –exclamó Tornillo–. Están colaborando Mario y Chuz. Han sido los peores de enemigos. ¡Es Imposible!

–Esas cajas tienen rifles automáticos –declaró Mincho–. Cambian la amapola por ellos.

Corrió Tornillo, y trajo a los soldados. Cambiaron disparos; un balazo dio al hombro de Mario. Él y Chuz escaparon en el camión. Los soldados fueron entonces al mercado para proteger a los cafeteros mientras descargaban el café. Cuando los cafeteros salieron del mercado con el pago, los soldados se habían ido. Una banda de Ingenieros Sociales había regresado y estaba al otro lado de la calle. Apuntaron sus rifles de los dos lados. Mincho corrió y se metió por en medio.

–Oigan todos. Confirmaremos un Pacto de Amor ante Dios, antes de perder nuestras vidas en un combate inútil. Óiganlo: «Perdonamos lo pasado sin discutirlo más, y buscamos el bien de aquellos que antes eran nuestros enemigos».

Se rieron, y le amenazaron a Mincho desde los dos lados de la calle. Él quedó firme, y explicó el fin del Pacto de Amor. Lo recitó, pausando después de cada frase para que la repitieran. Algunos de cada lado lo hicieron, y Mincho oró para constarlo. De repente gimió:

– ¡Ay! ¿Qué me pasa? –Se cayó.

Le ayudé a ponerse de pie; estaba pálido, y Colón lo llevó a mi casa. Exclamó Luz:

– ¡Qué pasa con tu cabello, Jaime! ¡Estás peludo por un lado y cortado por el otro! ¿Estaba ebrio Pacho? Vuelve a la barbería. ¡Y ponte tu sombrero!

–Mincho está enfermo; aquí descansará un rato.

Fui, y regresé a casa con el cabello equilibrado; estaba dormido Mincho. Marta había llegado; estaba llorando, y me contó:

–No iban a usar explosivos en la mina por dos meses, y Chiquillo fue en la mula a la montaña para hacer vigilia y ayunar. No ha regresado. Hacen cuatro días. ¿Qué hago, Jaime?

– ¿Llevaba comida?

–Sí. Un montón de latas.

– ¿Para ayunar? Volverá cuando se acabe la comida.

Mincho no cenó; leyó la Biblia, y nos comentó:

¡Qué venga el amanecer!

—El Salmo 112 dice que el hombre que Dios aprueba da a los necesitados, y su justicia permanece para siempre. ¡Ojalá que al presentarme ante el Señor, me apruebe así!

Resistir al príncipe de las tinieblas

La luna llena se asomó sobre una cumbre, y destacó la silueta de una anciana bajita y descalza. Fumaba pipa, y caminaba lentamente. Una mano nudosa empuñaba una cuerda, y conducía un gatito. Hacía muchos años ella había traído desde Haití algunas brujerías muy extrañas; aferraba una muñeca, hecho de cabello largo y negro, con plumas de buitre y un vestido de unos trapos sucios.

La campana de la Iglesia de San Muñoz resonó doce veces, y la anciana dio la espalda encorvada a la luna. Quitó la pipa, alzó la muñeca hacia la oscuridad, e invocó al príncipe de las tinieblas. Repitió varias veces un encantamiento en su dialecto extraño. Volvió a bajar del cerro, y llegó a nuestra casa desde atrás donde cavó un hoyo con su machete. Estiró el cuello del gato, le cortó la garganta, y bañó la muñeca con la sangre. La sepultó, y caminó a la plaza central donde se sentó en frente de la casa de Ávila de Álvarez. Encendió la pipa con manos manchadas de sangre, y quedó esperando.

Salió el sol, y Luz le trajo café a Mincho.

— ¿Amaneciste mejor, hermano? ¿Mincho? —El café se cayó—. ¡Dios mío! ¡Jaime, ven!

Combatir las drogas ilícitas y el ocultismo

Mincho estaba frío. Me arrodillé a su lado.

– ¡Oh, Mincho! ¡Mincho!

Llegaron al entierro el alcalde, los cafeteros, los mineros y algunos ganaderos. Yo puse una cruz con el epitafio de Salmo 112 que Mincho nos había contado: «El hombre que Dios aprueba da a los necesitados, y su justicia permanece para siempre».

Lo elogió Chacón:

–Nos enseñó el hermano Mincho a mejorar las labranzas. Ahora cosechamos suficientes frijoles para para comprarnos unos zapatos.

Participó un Ingeniero Social que había afirmado el Pacto de Amor:

–Antes había conflicto serio, pero Mincho nos enseñó a formar un Pacto de Amor. Lo confirmamos para frenar la violencia. Le prometimos a Dios perdonar lo pasado sin discutirlo más, y buscar el bien de los que antes atacábamos.

Luego habló el alcalde Ponce:

–Nos toca apagar el odio que hunde nuestro pueblo en tinieblas. Guardemos ese pacto, como una promesa solemne ante Dios. Repítalo, amigo, por favor.

Chacón lo volvió a declamar, y todos lo repitieron. Oré para confirmarlo, y todos dijeron el amén. Los Ingenieros Sociales y los mineros se dieron el abrazo; se pidieron perdón y prometieron la amistad. Exclamó Ponce:

– ¡Es increíble! Tornillo, ahora será más fácil su trabajo de policía.

–Es un principio, don. Muchos todavía trafican en armas y drogas ilícitas.

–Dicen que Mincho murió por un ataque de corazón.

–No lo crea, señor alcalde. Mincho había tomado café con Chuz Ochoa. Quizás contenía algún veneno.

–Pues, investíguelo.

Se sentía deprimida Luz, y dejó de asistir a los cultos. Comía poco, y se debilitaba. Los niños sentían su tristeza y la compartían. Legaban cada día Evita y Marta para orar por Luz, y por el regreso de Chiquillo. Traté de animar a Luz:

–Hoy habrá un culto unido con mucha alegría, con todos los grupos, en la cancha de futbol. Contarán lo que Dios ha hecho por ellos. Tornillo la podría llevar en taxi. ¿Irás?

¡Qué venga el amanecer!

Ella convino y fuimos a la cancha. Terminaban los jóvenes un partido; Julito metió un gol que venció el equipo de las iglesias en Arenas. Llegó Ávila, y le preguntó a Luz:

– ¿Has visto mi casa nueva, niña? Tiene una ventana grandísima para que yo pueda observar todo lo que pase en la plaza. Instalé el sonido estereofónico con parlante en cada cuarto; allí tocaré la música más fina.

Empezó el culto. Luego interrumpió la voz de Chiquillo:

– ¡Aleluya! ¡Gloria! ¡Ahora, sí, todos reconocerán el poder de Jehová!

Entró la cancha con barba peluda girando la Vara de Moisés. Vociferó:

– ¡He tomado cuarenta días y cuarenta noches de ayuno en la presencia del Omnipotente Dios! ¡Aleluya!

Giraba la vara en círculos, y la gente se iba apartando, pero Ávila no se estaba fijando, y La vara le chocó el trasero. Ella cayó al piso:

– ¡Toro torpe! ¿Ayunó por cuarenta días? ¡Está más rechoncho que nunca!

– ¡Avispa! –gritó Chiquillo–. Oigan todos lo que Dios me ha revelado. Para resolver la división entre los hermanos, ustedes tienen que ayunar tal como yo he hecho…

–Dios ya resolvió la división –le interrumpí–. Los que quieren ayunar pueden hacerlo sin que les obligues. Jesucristo condenó el publicar los ayunos.

Ávila agarró la vara y la arrojó al suelo. Abrió el cuadernito y leyó a voces los delitos de Chiquillo. Le rogué:

–Por favor deje de publicar esas acusaciones.

– Usted, Jaime es la raíz de toda la desgracia. Dejó que los jóvenes jugaran fútbol hoy, el domingo. Su mujer difunde mentiras contra mí, y por eso ya no quieren que yo cante en los cultos.

Luz se echó a llorar, y Ávila siguió acusándola. Yo me enojé:

– ¡Pare de hablar más! No la inyecte con más veneno paranoico.

Agarré el cuadernito y la vara de Chiquillo.

–Este cuadernito es diabólico, y esta vara es un ídolo.

¡Quememos la vara y el cuadernito! –gritó un joven.

Trajeron unos fósforos y un periódico, y urgían:

– ¡Quemen la vara! ¡Quemen el cuadernito!

Combatir las drogas ilícitas y el ocultismo

– ¡El pacto! –Luz me sacudió el brazo–. ¡El Pacto de Amor!

¡Ay, lo había olvidado! Oré en silencio: «Amado Espíritu Santo, te ruego no dejar que yo te entristezca por mi ira tan descontrolada.» Luego les rogué a Chiquillo y Ávila:

–Perdónenme por favor, por haberles gritado con cólera.

Les devolví la vara y el cuadernito.

–Chiquillo, por favor, no uses la vara para atemorizar a la gente. Y doña Ávila, por favor, deseche ese cuadernito. Dejemos que el amor mueva a la gente a obedecer a Dios, sin avergonzarla.

–Me voy a desmayar –Luz me aferró el brazo–. Me siento muy débil.

Tornillo nos llevó a casa. Pasaron algunos días sin que Luz se recuperara. Llegaron Tornillo y Evita, y me informó ella:

–Probé el mineral de la montaña con un Contador de Geiger; en algunas partes es radioactivo, Jaime.

–Está contaminando al pueblo, no solamente su radiactividad, sino también la codicia que provoca.

–Voy a exponer el complot –me declaró Tornillo–, pase lo que pase.

– ¡No, hombre! ¡Déjalo! Te asesinarán, tal como le hicieron a Olga. E... ¿Qué agita al perro?

Abrí la puerta, y Lamelatas corrió gruñendo tras la casa. Olió, cavó, y desenterró la muñeca. Oyó la bulla Marta y vino corriendo; vio la muñeca y gritó:

– ¡Quémala! ¡Por amor de Dios, destruye esa asquerosa obscenidad, Jaime!

– ¿Qué es?

– ¡Es una brujería! El cabello es semejante al de Luz. Es para hechizarla.

La quemé, y oramos en el nombre de Jesucristo que Dios apartara cualquier influencia demoníaca de ese fetiche.

Llegó Evita al próximo día, y me exclamó:

– ¡Qué cambio! Dios ha apartado la sombra. Oigo risa. Jaime, ¿podía haber tenido poder diabólico esa muñeca?

–La muñeca misma, no; Pablo dijo que un ídolo no es nada. Pero los demonios buscan la atención que los idólatras les rinden a través de tales fetiches.

–Pero Luz no es idólatra. No sabía nada de la muñeca.

¡Qué venga el amanecer!

—La persona hechicera que la hizo invocaba al demonio. Y la persona que se la pagó tenía un intento diabólico. Satanás tiene poder maligno, pero Dios lo limita, como lo hizo para Job. Romanos ocho revela que los diablos no pueden separarnos de Cristo. Tenemos autoridad en el nombre de Cristo sobre ellos.

—Y por esto, Luz está sana.

Preparar trabajadores para los campos descuidados

Volvieron Roy y Rosa Watts, y Roy me participo:

—Vamos a trabajar en las aldeas descuidadas de los indígenas. Queremos acompañarles a ustedes hasta aprender bien cómo se multiplican las iglesias.

Se posaron en la casa de Evita y Tornillo, y hablaron mucho con ellos. Tornillo anunció en una reunión:

—Evita y yo vamos a trabajar con Roy y Rosa, con la gente indígena de las montañas al norte. Todavía no conocen al Cristo vivo.

Pero se preocupaba Pacho:

—A ti te falta preparación, Tornillo. ¿Verdad, don Roy?

—Él ha recibido buena preparación, plantando iglesias en las aldeas, e instruyendo a los líderes. Estamos enseñando a Tornillo y Evita cómo adaptarse a una cultura diferente. Además, Tornillo se crio en una familia grande y pobre de poca educación académica en una aldea que tenía un distrito latino y otro indígena. Jugaba y trabajaba con los indígenas. Así se lleva bien con ellos.

Sugirió Pacho:

—Debe proveerles nuestra congregación algún sostén a Tornillo y Evita.

—Sólo una parte pequeña, hermano —le contestó Tornillo—; voy a sostenernos con un pequeño taller para reparar bicicletas y fabricar muebles. El Pastor Arturo me ha dado el ejemplo, imitando al apóstol Pablo. Enseñaré a los pastores indígenas unas vocaciones útiles, para que se sostengan en esas aldeas pobres.

Nos avisó Roy:

—Aunque Tornillo ganare bien con el negocio, deben sostenerle un poco, porque he visto que una congregación olvida orar por los misioneros que no sostiene. Además, Tornillo y Evita les darán cuenta a ustedes con más gratitud.

Colón llevaba en El Caribe a Los Robles a algunos hermanos para visitar al rebaño de Chacón. Lorena quería visitar a su familia, y pasamos por ella.

Combatir las drogas ilícitas y el ocultismo

– ¡Mira! –se rio Colón–. ¡La mujer liberada! Esa moda moderna de vestido será una novedad chocante en Los Robles. Tiene valor Lorena.

En un cerro Colón paró el camión, y Tornillo usó sus binoculares para investigar.

– ¡Es amapola! Vámonos para investigar. Lorena, quédate aquí con Lentes. Esa cancha queda lejos, y puede haber peligro.

– ¡No! Yo los acompaño.

Caminamos por un arroyo adornado con unas orquídeas bellas. Unas aves de colores vivas gorjeaban en los árboles, dando alarma de nuestra presencia. Un hombre con camisa blanca, tejida a mano, vino por la senda con un burro cargado de bananos; miró el vestido de Lorena y se rio. Sonaron unos truenos en las montañas, y un soplo agitó las copas de los árboles. Comentó Tornillo:

–Pronto lloverá.

– ¡No! –clamó Lorena–. ¡Eres falso profeta! La lluvia arruinaría mi vestido.

Nos asustó un trueno tremendo; un rayo había chocado una caoba cerca unos pasos de nosotros. Un trozo grande del tronco cayó ardiendo. Filtraban unas gotas grandes a través de las hojas de los árboles altos, y Lorena se puso a llorar. Pasó la lluvia, y subía el vapor. Poca luz penetraba el boscaje espeso. Llegamos a las labranzas, y exclamó Tornillo:

– ¡Aquí hay suficiente amapola para miles de adictos! Además, la pueden convertir en otras drogas más letales.

–Siento voces en ese campo –avisó Arturo– Regresémonos, Tornillo.

–Un momento. Quiero ver quiénes son.

Entró entre las plantas. Sonó un tiro, y unos pedazos de suelo le salpicaron. Chilló Lorena, y todos corrimos. Llegando al camión, Tornillo declaró:

–Volveré con unos soldados.

En Los Robles la madre de Lorena miró el vestido y se alarmó.

– ¡Mi hija! –le llevó a la casa.

Hablamos con Chacón y otros líderes. Cuando regresamos para Lorena, ella salió de la casa usando un vestido viejo, negro y largo. Su madre se me quejó:

–Jaime García, ustedes apartaron a mi hija de las normas cristianas.

–Hermana, las normas cristianas de vestirse varían según las modas locales.

— ¡Pero ustedes la corrompieron! Lentes, ¿por qué la permitiste? Ven. Vamos a hablar.

Entró la casa Lentes con la suegra, y el padre de Lorena se rio:

— ¡Pobre de mi yerno!

—Aprendí algo de valor —se me expresó Tornillo—. Respetaremos con mucho cuidado las costumbres locales de los indígenas cuando trabajemos con ellos.

—Les contó Pablo a los Corintios: «A todos he llegado a ser todo, para que de todos modos salvaré a algunos».

«En cuanto dependa de ustedes, tener paz con todos» Romanos 12:18

Nos indicó Chacón una casa de barro deshabitada; se inclinaba a un lado, y el techo de hojas podridas de palma tenía hoyos.

—Ayer llegó un herido, y se metió en esa choza. Llevaba pistola. No me dejó orar por él. Quizás usted pueda, Pastor Arturo.

Arturo tocó varias veces:

— ¿Quién?

—Vine para orar por usted, amigo. Soy pastor.

—Estoy mal. Déjeme morir en paz.

—Para morir en paz, oremos a Dios. Déjame entrar un momento.

Se abrió la puerta un poco; y la cara de Mario Ordóñez se ruborizaba de fiebre. La bala de los soldados le había infectado el hombro.

— ¿Tiene cigarrillo?

—Le tengo algo mejor, el perdón de Jesucristo y la sanidad en su nombre.

—Pase —Mario tenía la pistola en la mano—. Dios me está castigando, Padre. No hay remedio.

—Sí lo hay. Dios le perdonará. Reciba al Salvador Jesucristo en su corazón.

— ¿Tienen ustedes los pastores protestantes la misma ética que los padres católicos, de no divulgar lo que se confiese un malhechor?

—Un pastor cabal jamás divulga lo que se confiese a Dios un penitente.

— ¿Ni siquiera a las autoridades?

—Nunca. Es un deber serio ante Dios. Confíe, amigo; yo conozco la ley.

Mario cayó de rodillas, soltó la pistola, y lloró.

Combatir las drogas ilícitas y el ocultismo

—Ya que estoy para morir, mi culpa me es insoportable. Bendíceme padre; porque he pecado. Traté de matar a Mincho Medina en Las Brisas y fracasé. Sin duda usted sabe que he matado a varios hombres; soy Mario Ordóñez.

—Me contaron que usted los mató para defenderse.

—Sí, menos aquella vez cuando me engañaron...

No terminó la frase. Gimió, y Arturo le aseguró:

—La sangre de Cristo le limpiará, Mario. Oiga lo que dice 1ª de Juan 1:9, «Si confesamos nuestros pecados, él es fiel y justo para perdonar nuestros pecados y limpiarnos de toda maldad».

—No lo podré lograr; he pecado demasiado. Gracias, Padre.

—Al contrario, amigo. Nadie ha pecado demasiado...

—No me molestó la conciencia cuando maté a esos malvados; lo merecían. Pero esa muchacha, sí. Me embriagaron y me convencieron que ella era una comunista que fabricaba bombas para demoler al pueblo.

Mario hizo una pausa. Tembló, gimió, y siguió:

—A mí me tocaba eliminarla. No pregunté su nombre, para evitar que me molestara la conciencia. Pero escuché después en la cantina que ella era la esposa inocente de un abogado honrado. Ya no aguanto el dolor de tanta maldad.

Hubo un silencio largo. La mente de Arturo se estremecía. ¡El asesino de Olga estaba arrodillado a sus pies!

—Ya que me muero, no quiero ocultar más mi profunda maldad. ¿Puede perdonar Dios tanta malignidad?

—¡Ay! No puedo perdonarlo. ¡Dios mío! ¡No puedo!

—Es lo que yo pensaba, Padre. Entonces Dios tampoco me perdona. Ya sabía que no. Déjame morir en paz e irme al infierno. Agradezco su atención.

—¿Cómo puedo perdonarle? ¡Dios mío! No puedo.

Mario se puso de pie y abrió la puerta.

—Yo le comprendo, padre. Gracias, de todos modos.

No se movió Arturo; una agonía le rasgaba el alma como un tornado. Sentía un conflicto en su corazón, el odio batallando contra la compasión, la duda contra la fe, el furioso anhelo de venganza contra el deseo de acabar la agonía calmando el alma perdonando como ordenó Jesucristo. Dobló el puño, y un gemido surgió de lo más profundo de su corazón atormentado:

– ¡Dios mío! ¡Dios mío! En el Nombre del Señor Jesucristo, Mario Ordóñez, reciba el perdón completo de sus crímenes tan horribles. Dios le perdona. Y yo... yo le perdono también. ¡Ay, Dios mío!

– ¿Seguro? ¿De veras? E... ¡Gracias, Padre! ¡Bendito sea Dios! E... prométeme no divulgar lo que yo le confesé. Si el esposo de la que asesiné se entera, me matará, si no muero primero de esta fiebre.

–El esposo soy yo.

– ¿Qué? ¡Tramposo!

Mario apuntó la pistola hacia el corazón de Arturo.

– ¡Usted me engañó! Usted es un falso. ¡Falso!

–No le engañé. –la voz estaba cansada–. Más bien le perdoné. Usted no sabe cuánto me costó. Jesucristo nos ordena perdonar como Él nos ha perdonado.

Arturo cayó de rodillas, cubrió el rostro con las manos y lloró amargamente.

– ¡Olga! ¡Mi Olga! ¡Olga!

El asesino temblaba, indeciso. Entonces se arrodilló y abrazó a Arturo. La pistola yacía entre los dos, bautizada por las lágrimas mezcladas de dos enemigos reconciliados por las manos ensangrentadas de Jesucristo.

La esposa de Chacón le daba a Mario un caldo de pollo, y al día siguiente, amaneció mejor. No reveló Arturo lo que le había confesado Mario. Éste me lo contó algunos años después.

Colaborar las iglesias de un área

Lentes escuchó informes de los pastores de las aldeas, les ayudó a hacer planes, y les asignó estudios que correspondían a las tareas. Uno se quejó:

–Un nuevo creyente le confunde a mi gente profetizando con el horóscopo.

Otros ofrecieron ir y ayudarle a resolver el problema. Observó Tornillo:

–Florecen las iglesias de una zona cuando se ayudan, Jaime.

–Eso sí. Son el cuerpo regional de Cristo.

Algunos vecinos le pidieron a Colón llevarlos a Los Murciélagos. Regresamos sentados en unos sacos de maíz, con unos cerdos. Los Jóvenes tenían que

Combatir las drogas ilícitas y el ocultismo

aferrarse a los lados del camión. Lorena estaba muy callaba, y también Arturo. Por el camino Tornillo le hablaba:

–Licenciado, ya sabemos dónde cultivan la amapola. Quizás envenenaron a Mincho porque lo sabía también. ¿Qué opina usted?

–Ya no me importa.

–A mí sí. Voy a exhumar el cuerpo de Mincho para averiguarlo.

– ¿Para qué? Sólo provocaría más violencia. Déjelo.

En la casa, me entregó Luz una carta de Tomás Pérez. Leí: «Les invito a usted y Lentes venir a enseñar a los seminaristas a plantar iglesias hogareñas y capacitar a sus líderes.»

Fuimos, y vi a Enrique Fordson entre los estudiantes. Le expresé:

–Te felicito por haber recuperado de la puñalada.

–Y yo le doy gracias por donarme su sangre; me salvó la vida.

Lentes les exponía cómo multiplicar iglesias, y un estudiante le preguntó:

– ¿Hay un don especial para plantar iglesias que se multipliquen así?

–No, hermano. Yo tengo el don de misericordia, y me ayuda la gente con diferentes dones. Dios ayuda a cualquier cristiano multiplicar iglesias, con tal de que cumpla primero con los mandamientos básicos de Jesucristo.

– ¿Puede ser tan sencillo?

Lentes le dijo que sí, y me pidió explicárselo.

–Seguimos el patrón de los apóstoles; es muy sencillo. Pablo y sus aprendices plantaron las primeras iglesias en una región, e instalaron a los líderes. Entonces estas iglesias plantaron rápidamente las demás iglesias del área.

–Esto es el problema –me gruñó Pecas–, hacerlo tan rápido atrae los errores.

–Siempre habrá errores y problemas, hermano. Si usted no quiere ningún error y ningún problema, no tenga nuevas iglesias, y no tenga hijos. Plantar iglesias muy despacio trae aún más problemas. Multiplicar iglesias ligeramente como lo hicieron los apóstoles es la manera de ganar a mucha gente para Jesús.

–Pocos misioneros plantan iglesias así como lo hacen ustedes.

Otro estudiante le contestó a Pecas:

–Y pocos misioneros ganan a tanta gente para Cristo. Explíquenos cómo ustedes la ganan, Pastor Jaime.

– ¿Cómo se llama usted, hermano?

–Silvestre Montero, para servirle.

–Lentes, explíqueles los cuadros que preparó, del elefante y el conejo.

–Es fácil ganar a la gente para Cristo con las iglesitas pequeñas. Una iglesia tradicional que quiere crecer siempre más grande, es como un elefante. Las Iglesias hogareñas que multiplican iglesias hijas y nietas, son como conejos.

Se extendió Lentes los brazos.

–Soy una balanza. Silvestre, entrégame los cuadros del elefante, y del conejo, uno en cada mano.

Bajó el brazo con el elefante por el peso, y el con el conejo se alzó.

—El elefante pesa 5,000 veces más. Pero en tres años un par de elefantes tendrán un solo bebé, mientras que un par de conejos puede reproducirse en millones que pesen mil veces más que los tres elefantes. Entrégame el cuadro con los conejitos.

Bajó el brazo que sostenía los conejitos.

–Las Iglesias hogareñas pueden multiplicarse como conejos, como en el Nuevo Testamento. No requieren edificios ni fondos, y la gente recibe a Jesucristo más fácilmente en los hogares de sus amigos.

–Pero menosprecias a las iglesias grandes, Lentes –le acusó Pecas.

Combatir las drogas ilícitas y el ocultismo

Lentes me pidió contestarle, y yo le aclaré:

—De ninguna manera menospreciamos a las iglesias grandes. Asistimos a una iglesia grande, pero ella tiene grupos satélites que son iglesias hogareñas. Algunas iglesias crecen mucho porque buscan a los perdidos y hacen discípulos que obedecen a Jesucristo. Otras iglesias crecen grandes porque atraen a gente de otras congregaciones cercanas; estos cristianos abandonan a un rebaño pequeño en que estaban activos, para ser oidores solamente en una iglesia grande.

Me arguyó Pecas:

—Pero una iglesia perderá gente si planta iglesias hogareñas. Algunos miembros asistirán a ellas.

—Muy pocos dejarán a la iglesia madre, Pecas. Dios bendecirá la obediencia de la iglesia. Ella ganará más miembros, porque algunos que reciben a Jesucristo en los hogares asistirán a la iglesia madre.

¿Cómo se forma una iglesia hogareña? —me preguntó Silvestre.

—Cuando los miembros de una familia reciben a Jesucristo, nace una nueva iglesia. No los llevamos a la iglesia madre; la iglesia hogareña es aquella de la familia, su hogar espiritual. Más tarde, asistirán a los cultos unidos de todas las iglesias hogareñas, que celebramos cada mes, o cuandoquiera que convenga.

—¿Cómo proveen el liderazgo para las nuevas iglesias hogareñas?

—Ayudamos al padre de familia a tener cultos familiares. Así se hace una iglesia hogareña. El padre sirve como «anciano temporal» hasta llegar a ser un anciano cabal. El padre debe pastorear a los suyos en cuanto reciba a Jesús.

—¿Y si no es capaz un padre de familia?

—Preparamos a varias personas, Silvestre. Preparar a varios líderes también facilita plantar iglesias nietas.

Aquella noche descubrió Lentes la biblioteca, y sintió que había subido al cielo. Devoró la historia sagrada, la teología y los comentarios bíblicos. Habría quedado en la biblioteca toda la noche si no tuvieran que trancarla.

Al próximo día Silvestre llegó al aula con una caja.

—Traje una ilustración de lo que aprendimos.

Soltó un conejo. Nos costó atraparlo; Pecas lo capturó y se rio:

¡Qué venga el amanecer!

—Mañana traeré el elefante. Dime, Lentes, ¿Cómo pueden las nuevas iglesias hogareñas tener suficiente madurez para iniciar iglesias hijas tan rápido?

—No requiere mucha madurez ni tiempo para instruir a un nuevo líder en los mandamientos básicos de Jesucristo. Lo puede hacer en un día. Si una iglesia pasa mucho tiempo sin dar a luz a iglesias hijas, le será difícil hacerlo entonces, porque se habrá acostumbrado a estar estéril y desobediente.

Aclaró el profesor Tomás:

—No se mide la madurez espiritual con el calendario. Algunos que han conocido a Cristo por un mes muestran más madurez que otros que lo han conocido por veinte años. Uno que trabaja activamente para Cristo madura luego.

Antioquía ⇒ Éfeso ⇒ Colosas ⇒ Hierápolis

Siguió Lentes:

—Aquí les demuestro la cadena de mentoreo que Pablo inició con Timoteo. Se detalla en 2ª de Timoteo 2:2, Colosenses 4 y Hechos 19. Formen cuatro grupitos por favor, un grupo en cada esquina del cuarto.

Formaron los grupos.

—Este grupo es la ciudad de Antioquía; nombren ustedes a uno ser Pablo, y otro Bernabé. El segundo grupo es Éfeso; nombren a Timoteo y un ayudante. El tercer es Colosas; nombren a Épafras y un ayudante. El cuarto grupo es Hierápolis; nombren a una señorita ser Ninfa que tenía una iglesia en su casa.

Formaron los grupos que correspondían a las cuatro ciudades.

—Las personas de la Biblia que nombré eran eslabones en una cadena de mentoreo. Ustedes mostraron este desarrollo. Empezó en Antioquía. Por favor Pablo y Bernabé, lleven una Biblia a Timoteo en Éfeso, el segundo eslabón.

La llevaron, y regresaron a Antioquía.

—Timoteo y su ayudante, lleven la Biblia desde Éfeso a Colosas.

La llevaron y regresaron.

Combatir las drogas ilícitas y el ocultismo

—Épafras y su ayudante, lleven la biblia desde Colosas a Ninfa en Hierápolis, cumpliendo cuatro generaciones de mentoreo, y nacimiento de cuatro iglesias.

Lo hicieron.

—Esa cadena inició centenares de iglesias; cada una dio a luz a varias iglesias hijas. Hechos 19 dice que llegó el evangelio a toda la región de Asia Menor.

Disputó Pecas:

—Pero los tiempos han cambiado, Lentes. Hoy tal cadena iría debilitándose más y más con cada eslabón.

—Se debilitarían si dependieran del hombre. Pero el Espíritu Santo no se iba cansando al caminar desde Jerusalén a Antioquía, y desde Antioquía a las otras ciudades. Sigue con el mismo poder hasta hoy. Cada nueva iglesia que nace puede iniciar de nuevo el mismo impulso que inició la iglesia de Antioquia.

Confesó Tomás:

—Jaime y Lentes me corrigieron un error. Yo quería que mi iglesia creciera más y más, engrandeciéndose siempre más, sin pensar en las iglesias hijas. Este deseo me nació en parte de la vanidad. Las Iglesias pequeñas ganan a muchos para Jesucristo, y se multiplican fácilmente, como se ve el libro de Hechos.

—No me convenzan —le contestó Pecas—. Una iglesia legítima tiene un edificio, un presupuesto amplio, y un pastor graduado de un seminario teológico. Si multiplican iglesias como dicen ellos, se perderá control, habrá falsa doctrina, y el costo excederá los fondos disponibles, Pastor Tomás.

—Hermano Pecas, yo tenía las mismas dudas, antes de observar las iglesias hogareñas. Había menos desorden y error que en las iglesias convencionales que he conocido. A los pastores les faltan credenciales académicas; sus credenciales son sus discípulos obedientes, como expuso el apóstol Pablo. Los líderes se preparan precisamente como lo hicieron en el Nuevo Testamento.

Silvestre le suplicó a Lentes:

— ¿Podría usted servir como mi mentor, por correo o teléfono?

Lentes convino, y la sesión acabó. Fuera del aula, Lentes me comentó:

— ¡Ese Pecas es malo por completo!

—Ojalá no por completo; él tiene una pinta de mi sangre en sus venas.

¡Qué venga el amanecer!

—Entonces ella no le ha llegado al corazón todavía.

Pecas nos alcanzó y rogó:

—Perdónenme tanto debate, hermanos. Me chocó sus ideas. Voy a tantearlas.

Soportar las diferencias triviales entre cristianos

Aquella noche Lentes le preguntó a Tomás:

—Mi abuela fue católica; ella le rezaba a los santos, y no mucho a Cristo. ¿Cree usted que la fe de ella pudiera habido sido válida para la salvación?

—Sólo Dios conoce los corazones.

—La bautizaron tierna. ¿Tenía valor su bautismo infantil, Pastor Tomás?

—Al bautizar a infantes, los padres hacen un pacto serio con Dios por la fe; prometen criar al hijo en la fe, como cristiano, y confían en la promesa de Dios, "Cree en el Señor Jesús y serás salvo, tú y tu casa", Hechos dieciséis.

—Pero un bebé no se arrepiente de sus pecados y la Biblia requiere arrepentirse para bautizarse.

—Hay distintas interpretaciones de esta doctrina, hermano Lentes. Yo respeto las prácticas de su iglesia.

— ¿Usted bautiza a los bebés?

—Sí.

Lentes me echó un vistazo, y yo le aclaré:

—No todas las iglesias evangélicas se conforman a la práctica «anabaptista» de bautizar sólo cuando uno reciba a Cristo por su propia fe. Reconocemos la misma promesa de que toda la familia del creyente será salva, pero lo hacemos de otra manera. Los padres dedican a Dios a sus hijos recién nacidos, sin agua.

—Actuamos con el mismo fin —aclaró Tomás—. Cuando un niño pueda ejercer su libre albedrío, reconoce que ha pecado, consta su fe con la Confirmación, y esto da validez a su bautismo.

—Yo recibí este sacramento —me acordé—. Aprendí el catequismo, porque me lo obligaron. Pero no recibí a Jesucristo en el corazón durante ese tiempo.

—De modo que fuera preciso que lo recibiera por la fe en otra ocasión.

Lentes quedó pensativo. Entonces comentó:

—Usted cree algunas cosas igual a los católicos.

Combatir las drogas ilícitas y el ocultismo

—Algunas, sí, el credo apostólico, y la Trinidad; seguimos algunos ritos de la antigua liturgia. Guardamos más silencio durante el culto que ustedes.

Reconocer y rechazar poder falso

Regresamos a Los Murciélagos, y Marta llegó a la casa. Me urgió:

—Ven. Chiquillo se está peleando con Lorenzo Guzmán, para mostrar quién tenga más poder. Hacen hazañas, cada vez más peligrosas. Mi marido se va a matar. ¡Prisa!

Fui con ella. Chiquillo meneaba la Vara de Moisés en la calle, y argüía con Lorenzo. Se congregaba la gente, y Lorenzo le retó a Chiquillo:

—Si tiene tanto poder, arrójese del puente.

—¡No, Chiquillo! —rogó Marta— ¡Por amor de Dios!

Lorenzo condujo una procesión al río; se paró en el puente, y gritó:

—Observen ahora la gran señal de mi poder.

—No Lorenzo —le avisé—: Jesucristo declaró en Mateo dieciséis que solamente la gente perversa demanda señales.

—Yo soy el pastor de esta gente, Jaime. No se meta.

Lorenzo se tiró, y gritaron las mujeres. Pasaron unos momentos angustiosos. Salió Lorenzo, y nadó tosiendo a la orilla.

—Ahora le toca a usted, Chiquillo.

—¡No! —chilló Marta—. ¡No! Por tu peso te matará la caída.

Me entregó la Vara de Moisés, y caminó al centro del puente. Miró el agua lejos abajo y quedó indeciso. Se le mofó Lorenzo:

—¡Cobarde! Le falta el poder de lo alto. ¡Cobarde!

—Mejor otro día lo haré. No siento el mover del espíritu en este momento.

Lorenzo y sus seguidores se rieron, y la cara de Chiquillo se enrojecía. Lorenzo se jactó:

—¡Yo tengo más poder! A Chiquillo le falta fe. ¡Es un cobarde falso!

La gente aplaudió, y Chiquillo alzó la Vara de Moisés. Cerró los ojos por un momento. Luego ordenó a voces:

—¡Cállense! ¡Tengo una visión del Altísimo! Me manda demostrarles el poder verídico. Golpéame, Lorenzo. Golpea mi espalda con la Vara de Moisés. Téngala. ¡Ya!

¡Qué venga el amanecer!

Lorenzo alzó la vara, pero Marta le detuvo el brazo, y Lorenzo la bajó.

−No me va a ganar así con sus mañas. Pégueme a mí primero usted.

− ¡Dejen esa locura! −les rogué.

Chiquillo asió la vara y le golpeó a Lorenzo en la cabeza. Cayó; sangrando por el oído y la boca, sin conocimiento. Lo llevamos en una hamaca a su casa donde volvió en sí, y por varios días tenía un defecto del habla.

Llegaron a la casa Tornillo y Arturo, y me pidieron ir con ellos para guiar a los soldados a la amapola para quemarla, y arrestar al dueño de los cultivos. Nos siguió un camión militar; llegamos a la senda, y caminamos a los sembrados. Los soldados hicieron formación de combate y avanzaron. Llegaron donde estaban sentados tres campesinos frente a una casa de barro. El sargento les mandó:

−Quemen esas plantas ilícitas.

No se movieron. Uno encendió un cigarrillo antes de contestar.

−Nosotros no pertenecemos a su tropa, sargento.

Le apuntó con el rifle un soldado, y el hombre le informó:

−La hierba está demasiado verde. No se quemaría.

−Córtenla con machetes, entonces −ordenó el sargento.

Tornillo le interrogó:

− ¿A quién le pertenece este terreno?

Solo hubo silencio.

−Soy jefe de la policía municipal. Contésteme.

−El terreno es público, jefe. Se permite que cualquier que lo siembre tenga «dominio útil». Es legal.

Aclaró Arturo:

−El dominio útil es legal, pero estas plantas no.

Les advirtió el sargento:

−Volveremos en tres días. Si no han cortado las plantas, los encarcelaremos.

Combatir las drogas ilícitas y el ocultismo

Regresando al pueblo, nos acercábamos a un puente alto cuando ella se estalló. Las tablas caían por todos lados, y nos cegó una nube de humo y polvo. Tornillo giró bruscamente para evitar caer al abismo. El carro bajó a través de la maleza hacia el río; brincando sin controlar. Chocó con los arbustos, pegó una roca y se volcó. Cayó otra vez sobre las ruedas y siguió rebotando hacia el fondo del arroyo. Se paró en el río, todo machacado. Salimos mallugados; Arturo se había golpeado la cabeza y torcido un tobillo.

Algo pegó el carro, y oímos un disparo desde rio arriba. Otra bala me salpicó agua. Vadeamos de prisa al otro lado del río, para escondernos entre los árboles. Arturo usaba un palo como bastón, y con cuidado nos regresamos a la carretera.

Mientras tanto, Chuz vadeó al taxi buscando lo que podía hurtar. Halló la valija de Arturo. Presumió que retornaríamos para ella, y fue adonde había atado un caballo cargado de explosivos. Vadeó otra vez al taxi; armó un detonador de reloj para activarse en media hora, y metió el paquete mortífero en la valija.

Llegamos a un cobertizo donde servían comida. Un camionero nos habló:

—Yo los llevaré al pueblo. Ya que se cayó el puente, tengo que regresar a los Murciélagos.

Exclamó Arturo:

— ¡Ay no! Dejé mi valija en el carro. El golpe me dejó turbio.

—Se la recuperé, Licenciado —yo le dije.

Caminé al carro y me escondí entre los árboles para observar. No vi a nadie. Vadeé al taxi, y tomé la valija.

¡Qué venga el amanecer!

– ¡Hola vigilante! ¡Muy buenas tardes!

Chuz estaba en la ribera del río con el rifle.

Solté la valija y vadeé hacia el otro lado del río, pero la corriente me lo impedía. Chuz se acercó vadeando y riéndose. Quitó el estilete del puro hueco, lo encendió y fumó por primera vez.

–Me es un momento grato, Jaime. Es ocasión para celebrar. Lo voy a disfrutar.

Disparó; la bala me raspó el lado de la cabeza, y me caí. Me costó ponerme de pie, y él se rio. Le rogué:

–No juegues conmigo, hombre. Mátame de una vez.

Apuntó el rifle hacia mi barriga.

–Te daré un pequeño dolor de estómago, amigo, para alargar la diversión.

No se fijó en la valija que venía flotando hacia él. En un instante el puro, la barba y la cabeza de Chuz Ochoa cesaron de existir.

Al próximo día Toribio Ochoa llegó a la casa, y me pegó temor.

– ¿Vino para aniquilarme, ya que su hermano Chuz no lo logró?

–Por favor, Pastor Jaime, dirija la ceremonia fúnebre para mi hermano.

Todos los Ingenieros Sociales asistieron a la ceremonia, y les rogué recibir el perdón de Dios por fe en Jesucristo. Platicó Toribio conmigo después acerca de la muerte y también de Dios, y recibió a Cristo de corazón.

18

Amarse los unos a los otros, a pesar de las diferencias

No confiar en la diosa de la suerte

– ¡Despiértate, papi! –Lucas me sacudía–. ¿Es hoy el Día de los Diablos?

–Es hasta pasado mañana. Y no es Día de los Diablos; es la Fiesta de San Muñoz.

– ¿Por qué dicen que es de los diablos?

–Es una costumbre necia. Los jóvenes se disfrazan como diablos y andan por las calles, y la gente les tira monedas para que no le hagan diabluras. A veces cubren sus cuerpos con barro, y abrazan al que no les dé nada. Cuando la imagen de San Muñoz llegue a la plaza después de recorrer las calles, los diablos huyen. Son todos payasos, hijo.

–Quiero ver unos diablos reales, papi.

–No, hijo. Son malignos. Cualquier influencia de ellos nos contamina.

Mario Ordóñez llegó para contarme:

–Tengo un problema, Jaime. Quizás me puedas ayudar. Desde recibir a Cristo, ya no me emborracho, pero me roba otro vicio de mi dinero. Nunca podré sostener a una familia. Me domina la compulsión de apostar.

–Nuestro Padre Celestial nos provee lo que nos falta, sin robarlo de otros.

–Pero ya no robo, Jaime.

–No directamente, pero el efecto es lo mismo. Al ganar, tú le pelas a otro, y siempre pierde alguien. La diosa de la suerte es un ídolo destructivo; algunos se han suicidado después de una pérdida seria.

–Sí. Alguna vez Lo he pensado.

–Mi abuelo me avisó que apostar le hace a uno haragán. «Ganar y pereza; perder y pobreza, ganar o perder, siempre bajeza.»

–Es cierto. Ayúdame a escapar la pereza.

–Lo primero es confesarla a Dios. –Proverbios 6 nos instruye, «Ve los caminos de las hormigas y sé sabio».

¡Qué venga el amanecer!

–Entonces me haré hormiga. Ayúdame. Siempre busco alguna forma del juego. Mira.

Sacó de la bolsa algunos números de lotería, y yo le avisé:

–Tienes que poner a muerte tu vicio de una vez.

Le entregué unos fósforos, y oré en silencio.

–Pero...

–No hay peros. El terminarlo ha de ser total e inmediata. El Espíritu Santo te ayudará a poner a muerte el vicio. No lo entristeces más. . El apóstol Pablo afirmó, «¡Todo lo puedo en Cristo que me fortalece!» Los números. ¡Ya!

Gimió, y los encendió.

–Promete hablar conmigo cuandoquiera que te sientas tentado.

–Te lo prometo. Fíjate, ya me siento aliviado. Ahora sí, yo sé que puedo resistir la compulsión. ¡No tengo que ser esclavo de ella! Cristo me ha liberado.

Cumplir la «sucesión apostólica» de 2 Tim. 2:2

Luego llegó un caballero en un Jeep usando traje y corbata. Se presentó:

–Soy el Reverendo Alfonso León y Guzmán, Secretario Ejecutivo de la Alianza Nacional de las Iglesias Evangélicas.

– ¿Qué milagro le trae a nuestra casa, Reverendo?

–Me han estorbado unos informes de su obra en las aldeas. Lo siento, hermano, pero estoy obligado a investigar, para mantener la integridad de la Alianza.

Tornillo y yo fuimos en el Jeep con el Rev. León a un caserío cerca de Las Brisas. Estaban en el culto; confesando sus pecados a Dios, y El Chorcho alzaba el pan.

–Tomad, comed, esto es...

– ¡Un momento! –León le interrumpió–. Esto es incorrecto, hermanos. Este dirigente no es un pastor ordenado.

–Sigue, Pastor –le urgí a Chorcho.

– ¡No! –enfatizó León– Yo no pudiera recibir un sacramento sagrado de manos laicos. Sólo los pastores ordenados pueden consagrar la santa Eucaristía. Guarden mejor orden, mis hermanos. Don Jaime, me sorprende que permita tal desorden.

Amarse los unos a los otros, a pesar de las diferencias

—Guardamos las órdenes de Jesucristo sobre toda regla humana, Rev. León. Por favor, no nos impida. Tenemos que obedecer al Rey de Reyes.

—Este campesino de habla rústica deshonra el sacramento.

—Lo deshonramos si lo descuidamos. Los apóstoles no decretaron que sólo un profesional fuera pastor. Con toda autoridad en el cielo y en la tierra Jesucristo ordenó obedecer sus mandamientos; por esto acatamos el mandamiento de partir el pan, sea como sea, con un líder ordenado por el hombre, o sin tal líder.

— ¿Reconoce usted la autoridad de nuestra Alianza?

—Sí, cuando no impide obedecer a Jesucristo. Estos pastores laicos sirven bien a su gente, y a Jesucristo. Yo tampoco soy ordenado por la Alianza.

—Tiene que obtener sus credenciales, Jaime. De lo contrario, la Alianza lo retirará del pastoreo.

—Aquella regla de la Alianza fue promulgada por los pastores urbanos antes de que se asociaran con la Alianza las iglesias campesinas y hogareñas. No todos los pastores de la Alianza estarían de acuerdo con esa regla no bíblica, Rev. León.

Distinguir la verdadera unidad en Jesucristo

Había una iglesia de indígenas en la aldea también, y León me advirtió:

—Las dos congregaciones no son iglesias legítimas todavía, Jaime. Tienen que llenar nuestros requisitos.

—Cualquier asamblea de creyentes obedientes a Cristo es una iglesia legítima, don. Lo cardinal es que los hermanos reciban un pastoreo efectivo. Nuestros mentores aseguran esto; ellos visitan a las iglesias e instruyen a los nuevos líderes.

León le preguntó al encargado indígena:

— ¿Hablan español los miembros de su rebaño?

—Cómo no, don. Pero no es nuestro lenguaje de corazón.

— ¿Entonces, para qué hay dos iglesias de la misma alianza en este caserío pequeño? Dios ordena la unidad. Ustedes han dividido el Cuerpo de Cristo.

El Chorcho le contestó:

¡Qué venga el amanecer!

–La unidad ya la tenemos en Cristo, Reverendo. Siempre colaboramos bien con nuestros hermanos indígenas. Los amamos, y respetamos sus prácticas diferentes.

–Pero falta unidad si no tienen las mismas prácticas, amigo.

Le corregí:

–Usted requiere una unidad política que se conforma a ciertas costumbres del hombre. Nuestra unidad no consiste en la proximidad física, ni por acorralar a las dos razas bajo el mismo techo. Estas dos iglesias cantan música distinta y usan diferentes instrumentos, vestidos y modos de adorar. Al tratar de mezclar las dos culturas se cancela cruelmente una de ellas, usualmente la indígena. El apóstol Pablo prohibió imponer otra cultura a los gálatas, y les enseñó a los Corintios, « A todos he llegado a ser todo».

Regresando al pueblo, León quedaba pensativo. Al llegar, me confesó:

–Ustedes conocen bien la Biblia, y admiro los efectos positivos de su obra. Las prácticas tan disparejas me chocaron, y actué con arrogancia. Le pido perdón.

Proveer diversiones sanas durante las festividades públicas

El alcalde llamó una reunión para programar las ceremonias del feriado.

–Repetiremos los mismos actos como en los años pasados. Padre Camacho, usted dirigirá las ceremonias de San Muñoz. Entonces los niños de la iglesia evangélica presentarán algo. Doña Ávila, Usted proveerá la música por parlante. Además, va a llegar un agrónomo que explicará el misterio del papayo tan enorme. Jaime, usted clausurará las ceremonias formales con una oración. Sr. Pantero, ¿ha planeado algo más usted?

–Sí. Yo arreglar con los militares, aviones de chorro volar sobre el plaza en el momento de firmar el documento para comprar el mina y el terreno del iglesia. Entonces yo regalar cervezas a todo el gente.

Aarón Ocampo blanqueaba las paredes exteriores del palacio municipal, y escuchaba por una ventana. El alcalde lo regañó:

–Siga pintando, muchacho. Ha de cumplirlo para las festividades.

Terminó la reunión, y me habló Aarón:

–Felicítame. Ahora dirijo a los Ingenieros Sociales. Chuz tiene otro puesto.

– ¡Lástima que te has bajado tanto!

Ávila me pidió:

Amarse los unos a los otros, a pesar de las diferencias

–Favor de llevar mi nuevo parlante a la plaza, Jaime. Pesa mucho. Está en la antesala de mi casa nueva. Venga.

En la antesala ella me contó:

–Preparé esta música para el feriado, de un conjunto Peruano. Oiga.

Prendió una grabadora. «¡Cuán gloriosa será la mañana, cuando venga Jesús el Salvador!» Luego me mostró otros lujos de la casa palaciega. En un cuarto grande apretó una pequeña emisora.

–Mire, Jaime.

Se abrieron unas cortinas grandiosas, descubriendo una ventana enorme dando a la plaza. Ávila caminó a la ventana y extendió los brazos como si fueran alas.

–Ahora puedo vigilar todo lo que pase en el corazón del pueblo.

Se volteó y puso las manos en una mesa inmensa por la ventana.

–Es de Barcelona, una antigüedad de 350 años, una mesa real; han banqueteado con ella reyes y reinas. –Me enseñó la pared trasera–. Mire estos cuadros en la pared; son de los pintores más famosos.

Tuve una idea para ponerle a prueba:

–Dicen que van a desenterrar a Mincho Medina mañana temprano, para un autopsio.

–¿Qué? ¿Un autopsio?

Llegó El Pantero, y Ávila corrió para buscar a Simón. Regresé a la antesala para llevar el parlante, y miré la grabadora. La probé; las instrucciones eran de inglés y no logré grabar mi voz. Llevé el parlante a la plaza.

Simón y el Pantero entraron en la antesala, y Simón le rogó:

–Arreglemos cuentas. Yo ya cumplí con todo. Arreglé para eliminar a la que descubrió nuestro fin y al niño que llevó la nota falsa. Saqué a la gente del templo y eliminé a ese gigante que descubrió que cambiamos los rifles por la marihuana de los Ingenieros Sociales. Y...

–No quiero saber nada de eso, Simón. Yo darle el cheque del paga del venta y todo lo demás mañana durante el ceremonia.

Ávila le avisó a Simón:

–Van a desenterrar a Mincho mañana temprano.

–¡No! No pueden hacer eso, le digo. Lo voy a evitar.

¡Qué venga el amanecer!

– ¿Pero cómo?

–Pierda cuidado. No examinará nadie ese cuerpo. No lo va a ver nunca nadie.

Yo conectaba los cables al parlante cuando llegó Chiquillo enojado.

–Le informé a Simón que los túneles de la mina se extendían más allá del terreno de la mina. Se enojó, y anuló mi contrato. Además, rehusó pagarme lo que me debía por la obra de este mes. Ven conmigo para ayudarme a reclamárselo.

Fuimos al palacio nuevo, pero Simón no nos escucharía. Chiquillo se enfureció, y cuando nos salimos, me declaró.

–Él se va a arrepentir; yo lo castigaré. Todo el pueblo verá la venganza de Dios.

–No, hombre. Déjalo en las manos de Dios.

Regresamos a la plaza, y vino Pacho. Gruñó:

– ¿Para qué nos metimos en el feriado de San Muñoz? No somos Católicos.

–Nosotros proveemos las actividades sanas para que los hermanos débiles se puedan divertirse sin emborracharse. Los niños van a declamar unos versos bíblicos, y un agrónomo va a explicar el misterio del gran papayo.

–Un cliente me contó que el papayo nació de una semilla bendecida por San Muñoz, y que su fruta cura parásitos. Otro dijo que es radiactivo, y que nos brillarán los dientes en la oscuridad si comemos la fruta.

Aarón Ocampo y otros Ingenieros Sociales trajeron dinamitas de noche a la plaza; las metieron bajo el estrado erigido para el feriado. Aarón se rio:

– ¡Este es un regalo para mi amigo Jaime! Oculten el cable del detonador entre aquellos otros cables. Mañana usaremos máscaras de diablo, y no nos reconocerá nadie.

En la noche Tornillo y algunos soldados exhumaron el ataúd de Mincho.

– ¡Está vacío! –exclamó Tornillo–. Hallemos ese cadáver. ¡Rápido!

Salió Lucas temprano para observar a los diablos. Regresó gritando:

– ¡Papi! Los soldados andan buscando a un muerto que se escapó del cementerio.

Fui con la familia a la plaza; ya llegaba mucha gente. Me avisó Luz:

–Mira. Allá al otro lado de la calle está una pandilla de lobos.

Amarse los unos a los otros, a pesar de las diferencias

Samuel, Pecas y Lorenzo observaban las festividades. Samuel le tomó foto a uno de los diablos.

–Vengan, –les llamé–. Disfrútense del festival, hermanos.

– ¡Jamás! –declaró Samuel–. Yo no me meto en los festivales paganos.

El diablo le oyó, y le tendió la mano.

–Una propina, estimado caballero.

Lorenzo le avisó a Samuel:

–Dele algo, don, o le hará diabluras.

Samuel regañó al diablo:

– ¡Vaya pícaro! Nosotros no tomamos parte en sus impiedades paganas.

Le recordé a Samuel:

–Jesucristo asistió las fiestas y acompañó a los pecadores. Sigamos su ejemplo.

El diablo asió la cámara, y la llevó a la plaza. La dejó en el suelo, y se rio:

–Venga, gringo santurrón. Tiene que juntarse aquí con nosotros los paganos, para recuperarla.

Los tres entraron a la plaza, y el diablo les derramó cerveza sobre sus cabezas. Anunció a voces que Samuel estaba emborrachado. Ávila vino investigando, olfateó el licor, e iba divulgándolo a todo el mundo.

Vi a Pecas discutir algo con cólera con su padre Samuel. Éste se marchó con Lorenzo, pero quedó Pecas en la plaza.

Escuché algunos cantos llanos. La procesión había recorrido las calles tras San Muñoz, y se acercaba. Los penitentes venían de rodillas tras la imagen. Una mujer encinta tocó a San Muñoz con una vela, y se frotó la barriga con ella. Otra dama apretó a un bebé contra la estatua, besó la imagen, y lloró. Los diablos gritaban:

– ¡Socorro!

Ellos huyeron, disimulando pavor, menos los que se quedaron con el detonador. Entró la imagen a la plaza, y Padre Camacho dirigió la ceremonia de veneración, iniciando los actos formales. Interrumpió El Pantero para avisar al Alcalde:

–Faltan cinco minutos para que pasen por arriba los aviones.

¡Qué venga el amanecer!

– ¡Atención, todos! –anunció Ponce–. Ha llegado el momento que transformará este pueblo con grandes beneficios. Se entregará la escritura de la mina y del terreno de la iglesia evangélica al empresario El Pantero que los compra.

Subieron al estrado el Pantero, Simón, y Amós Núñez pavoneando con sus zapatos blancos. Luz se preocupaba:

–No vino Chiquillo. ¿Qué le habrá pasado? Le encantan estas festividades.

Chiquillo estaba en Monte Platal. Colocó los explosivos en la boca de la mina; entonces fue a una distancia y derramó gasolina de un barril y la encendió. Apuntó la Vara de Moisés hacia la plaza y rugió:

– ¡El fuego de Jehová!

Entonces detonó los explosivos. El soplo apagó las llamas, reventó el barril de gasolina, y lo impulsó hacia abajo rodando y chorreando la gasolina. Chiquillo encendió la hierba otra vez. Las llamas siguieron el barril, hacia donde se había atado la mula. Prendió la maleza seca, y la mula se atemorizó; ella brincaba y relinchaba.

En la plaza oyeron la explosión, y miraron el humo negro subir sobre la montaña. En aquel momento los aviones reactores volaron sobre la montaña y bajaron hacia la plaza. Vociferó Tornillo:

– ¡Son bombarderos! ¡Están bombardeando la mina de uranio, y vienen para demoler el pueblo! ¡Huyen! ¡Huyen!

– ¡No! ¡No! –gritó el Pantero–. Yo arreglar los vuelos con el militar.

Nadie le oyó por el estrépito de los aviones, y todos corrieron en pánico. Simón agarró el micrófono.

–Caballeros, apaguemos ese fuego. ¡Rápido, les digo! ¡Yo Los llevo a la mina en el camión!

Le contestó un minero:

–Ya no somos sus esclavos, don Simón. Ya no nos importa esa maldita mina. Vaya y orine usted en el incendio.

Gritó Toribio Ochoa:

– ¡Recuerden el Pacto de Amor! Convenimos todos en hacerles bien a los que nos han maltratado. Lo manda nuestro salvador. Vámonos en el camión.

Amarse los unos a los otros, a pesar de las diferencias

Fui con algunos hombres. Las llamas devoraban la maleza con el apetito de un dragón hambriento. Chiquillo soltó la mula, pero le costó montarla; el fuego la aterraba, y ella brincaba demasiado.

Sentí los relinchos aterrorizados y los gritos alarmados de Chiquillo. Corrí a través del humo; Chiquillo había montado la mula, pero ella lo resistía. Él la golpeaba cruelmente con la Vara de Moisés. Ella corrió enloquecida, cegada por el humo; chocó con un pino y tumbó a Chiquillo. Con una locura bestial, ella le pateaba el cuerpo de su amo. La aparté, y llevamos a Chiquillo al Centro de Salud. Corrí a la plaza para traer al médico, que examinó a Chiquillo. Él exclamó:

– ¡Otra vez! Su congregación necesita un cirujano, no un pastor. Pues, se han fracturaron seis costillas. La mucha grasa le sirvió de cojín; le salvó la vida.

Estaba oscuro cuando regresamos a la plaza; la gente había regresado, y se reanudó la fiesta. Ávila envió a un joven a la casa para prender las luces, que atrajeron las huestes de insectos. Anunció Colón la participación de nuestra iglesia, que se había tardado:

–Cada año entregamos la bandera «RAYITOS DE SOL» a la clase de Escuela Dominical que aprenda de memoria más versos de la Biblia. El año pasado los Rayitos de Sol eran los niños de seis a ocho años; ellos entregarán la bandera a los nuevos Rayitos de Sol.

Ana de Díaz subió al estrado con los chiquitos que tendían la bandera grande. Anunció:

–Hemos cambiado el sistema de educación cristiana; ahora enseñamos en los hogares. Los nuevos «Rayitos de Sol» son el grupo de Toribio Ochoa.

Los Ingenieros Sociales de antes subieron al estrado rugiendo «Aleluya». Los niños se escondieron tras de Ana, y escuché unas exclamaciones de sorpresa.

El rostro de Toribio tenía cicatrices y él usaba pantalones remendados. A otro le faltaba una oreja; otro tenía un ojo cubierto. Alguien a mi lado se burló:

– Son unos bandoleros falsos.

Era el caballero elegante que había tratado de llevar a Evita de la plaza. Quise devolverle el golpe que me había dado, pero recordé el Pacto de Amor. Los nuevos Rayitos de Sol alzaron la bandera con alegría, sonriendo aunque a algunos les faltaban dientes. Declamaron Juan 3:16, y aplaudió la gente.

Me tocó clausurar las ceremonias anuales, y subí el estrado. Aarón alistó el detonador. Toribio reconoció a Aarón y sus ayudantes a pesar de las máscaras.

– ¡Camaradas! ¡Miren! Esos diablos por ahí son los Ingenieros Sociales más perversos. Intentan el mal. ¡Adelante, Rayitos de Sol!

Saltaron del estrado, y la gente les abrió camino. Los diablos se quitaron las máscaras y se escondieron entre el gentío. Algunos Ingenieros Sociales fanáticos atacaron a los Rayitos de Sol, y se pelearon violentamente. Padre Camacho ordenó que llevaran a San Muñoz a la iglesia; en la confusión dos peleadores chocaron contra los que llevaban el santo, y San Muñoz se tumbó al suelo.

– ¡Papi! –se rio Lucas–. Se quebró la nariz de San Muñoz. ¡Qué divertido!

Toribio mostró el detonador al sargento, y hallaron la dinamita. Simón gritó:

– ¡Me iban a matar antes de firmar los documentos! ¡Tome medidas, sargento! Se precisa una defensa militar contra estos comunistas.

Saber que la multiplicación es normal en el Reino de Cristo

El alcalde calmó a la gente, y dijo:

–Ahora el ingeniero Roberto Burgos les revelará el misterio del gran papayo.

–Estuve examinando el papayo –explicó el científico–. Es perfectamente normal. Alcanzó el tamaño máximo de su potencial natural. Las diaconisas lo abonaban, la limpiaban y la regaban, como lo hacían con todas las plantas que adornan la capilla evangélica. Creció por su innato poder dado por su Creador. Ya no crecerá más; tiene una vida corta. Ha brindado su fruta con su semilla para reproducirse. El único misterio es el milagro de las plantas tan fructíferas

Amarse los unos a los otros, a pesar de las diferencias

que el Creador nos ha proveído en abundancia para alimentarnos, abrigarnos, y para proveer madera y también las flores que adornan nuestras casas.

El alcalde me pidió:

–Pastor Jaime García, por favor explíquenos otro fenómeno del crecimiento, de que ya hay tantas iglesias en los barrios y las aldeas. Ayudan éstas a los pobres a desarrollar su industria y su agricultura. El crimen ahora es raro; nuestra cárcel queda vacía.

Me hacía nervioso hablarle a tanta gente, y me costó empezar.

–Pues, el crecimiento de la obra evangélica, como el del papayo, es normal. Jesucristo comparó el crecimiento en su Reino con el de las plantas. Dios da a una iglesia obediente poder para producir su fruto y multiplicarse. Pues, obedecemos a Cristo, nada más. Gracias, Ingeniero Burgos, por proveernos un ejemplo tan adecuado.

El Pantero subió al estrado llevando una cerveza; aplastó unos zancudos que lo molestaban, y agarró el micrófono de mi mano.

–El venta del propiedad no cumplir todavía. Venir señores.

Simón Álvarez y Amós Núñez se juntaron con el extranjero que anunció:

–El mina pronto empleará a quinientos trabajadores y...

Le interrumpió un camión militar; vino pitando para apartar a la gente. Bajaron los Soldados con bayonetas, y colocaron una ametralladora en el estrado.

Simón le entregó al Pantero la escritura de la mina, y con palabras pomposas Amós le entregó al Pantero la escritura del terreno de la iglesia. El empresario apartó los zancudos con ella; ordenó que repartieran las cervezas, y tomó una pluma.

–Perdimos la batalla, Luz. –gemí–. A fin y al cabo nos ha conquistado ese Pantero. Ya veo porque lo llaman Pantero.

Arturo leía la escritura del terreno, y de repente se rio a voces. Luz exclamó:

– ¡Vaya! Arturo nunca se ríe así. ¡Por un desastre! ¿Se ha enloquecido?

Amós examinó el documento.

– ¡Ay! ¡Defraude! ¡Defraude! ¡No vale esta escritura pública! –Amenazó a Arturo con el puño–. No indica «dominio pleno» sino «dominio útil». Se vendieron sólo las mejoras. ¡El derecho de extraer el mineral queda con el estado!

¡Qué venga el amanecer!

Simón declaró a voces:

– ¡Imposible, Amós! ¡Imposible, le digo! Todo el mundo sabe que extraían mineral de la mina vieja que donó su propiedad a la iglesia. El gobierno lo supo. El documento tiene que ser legal.

Arturo le aclaró:

–Mi suegro no extrajo mineral de ese terreno. Olga mi esposa finada nos contó que lo usaba sólo para pastar sus mulas. Yo tampoco había leído la escritura.

El Pantero rasgó el documento, y bajó del estrado murmurando obscenidades. Le recordé a Ávila:

–Le toca prender la música, doña.

El joven que ella había mandado a la casa se confundió de los varios interruptores eléctricos. Apagó las luces en la plaza, y la gente empezó a gritar:

– ¡Murciélagos! ¡Vienen los murciélagos!

Los animales devoraban el banquete de insectos que habían atraído las luces. El joven logró prender la grabadora, y escuchamos:

– ¡Cuán gloriosa será la mañana, cuando venga Jesús el Salvador!

Evita empezó a batir las manos, y luego todos la acompañaban. Ávila me participó:

–Ahora oirán lo mejor del feriado, el canto que he estado ensayando desde hace tiempo.

Con un chasquido cesó la música. Retumbó el parlante con todo volumen:

–Arreglemos cuentas. Yo ya cumplí con todo.

¡Ay! Yo había dejado prendida la grabadora. ¡Qué vergüenza! Seguía la voz de Simón:

–Arreglé para eliminar a la que descubrió nuestro fin y al niño que llevó la nota falsa. Saqué a la gente del templo y eliminé a ese gigante que descubrió que cambiamos rifles por la marihuana de los Ingenieros Sociales. Y...

–No quiero saber nada de eso, Simón. Yo darle el cheque del paga del venta y todo lo demás mañana durante el ceremonia.

El joven trataba frenéticamente de prender la música. Se confundió, y prendió el motor que abría las cortinas de la enorme ventana.

Gritó Tornillo:

Amarse los unos a los otros, a pesar de las diferencias

– ¡Miren! ¡La ventana de la casa nueva de los Álvarez! ¡Miren!

Calló el gentío, asombrado. Luego sacudieron la noche los chillidos espantados de mil gargantas. En la mesa real, iluminado por la luz de la sala elegante, yacía el cadáver gigantesco de Mincho Medina.

Simón halló una máscara de diablo y se escapó en la oscuridad. Ávila corrió a la casa, agarró una lata de agua ras que habían dejado los pintores, y la derramó sobre el cadáver. Lo incendió, y con un cuchillo comenzó a tajar el cuerpo, a pesar de las llamas que le quemaban las manos. El alcalde corrió a la casa gritando:

– ¡Doña Ávila, por amor de Dios! ¡Apártese de esas llamas!

Corrieron los bomberos a la casa con sus extintores, y apartaron a Ávila. Ella hablaba en una voz anormal, como de sapo:

–Este Mincho Media siempre me infamaba con sus mentiras. Le cree la gente y ella me persigue. Voy a despedazar al mentiroso para engordar mis cerdos.

– ¡Pobrecita de Ávila! –exclamó el alcalde–. Ha perdido la razón.

Todos salieron de la plaza, y le rogó Pecas a Lentes.

–Hermano, mi papá está furioso conmigo, porque le avisé que yo no iba a acompañarlo más en su robo de ovejas por tanto legalismo. Pero ahora me falta posada; y el hospedaje está lleno. ¿Podré pasar la noche en tu casa?

Pecas y Lentes discutieron muchos temas hasta muy de noche, y luego le urgió Lentes:

–Mejor registra tu consciencia, hermano. Has buscado un puesto con buen sueldo y dominio, pero no un movimiento en que siguieran muchos a Jesús.

Pecas lo negó, pero ya en la mañana le confesó a Lentes:

–Anoche no pude dormir. Rumiaba lo que me dijiste. Y tenías razón. Yo buscaba un buen salario y señorío. Perdóname tanta contienda. Ahora serás tú mi nuevo mentor.

Visitamos Luz y yo a Chiquillo en el Centro de Salud, y él nos confesó:

–Pensaba que me iba a morir, y examiné mi conducta con franqueza. Le pedí perdón a Dios por haber actuado sólo para llamar la atención. No soy profeta como Ezequiel, y nunca lo he sido. Perdónenme tantos estorbos.

Él sollozaba, y Luz le abrazó. Él se acordó:

¡Qué venga el amanecer!

–Mi papá me azotaba cuando la gente no daba ofrendas suficientemente generosas después de mis predicaciones, cuando yo era el niño prodigio de la iglesia. Mi papá me convenció de que los azotes eran un castigo de Jehová.

Chiquillo salió del Centro de Salud, botó la Vara de Moisés, devolvió a Luz el dinero que había hallado en el tronco hueco, y les pidió perdón a los hermanos por su falsedad. Contrató una empresa legítima para explotar el uranio, y ella empleó a Chiquillo como supervisor. Con el tiempo bajó de peso hasta llegar a lo normal, y trató a los mineros con más justicia y gracia.

Platicábamos Luz y yo con Chiquillo y Marta cuando comentó ella:

–Ahora llaman el pueblo «San Muñoz» en vez de Los Murciélagos. Miren el Monte Platal; se ha transformado. Ya no frunce el ceño tan siniestro como antes.

Aclaró Luz:

–No es la montaña que se ha transformado, sino el pueblo. Como tú, Marta, el pueblo trasformado ve las cosas con alegría, ya no con pesimismo. Chiquillo perdió el exceso de peso, y tú lo has ganado; has vuelto a lo normal.

–Los niños dejaron de llamarme «Huesos», y ahora no sufro la depresión.

Con tiempo, Lentes se graduó del seminario teológico. Silvestre y Pecas trabajaron con Tornillo y Evita, enseñando a los indígenas a multiplicar sus iglesias.

Tomás Pérez sorprendió a un ladrón que había penetrado su casa; el ladrón lo apuñaló, y Tomás falleció. El seminario le dio a Lentes el puesto de Tomás, de Profesor de Misiones. La viuda Sara se trasladó a San Muñoz para atender a sus padres en su vejez.

A Ávila de Álvarez la internaron como paciente en su nueva casa, que se había convertido en un asilo psiquiátrico. Llevé a Luz para visitarla,

– ¡Jaime y Luz! –exclamó Ávila– ¡Bienvenidos a mi palacio! ¡Tan amables! Siéntense por la mesa real y escuchen la bella música.

Prendió la grabadora con una mano cicatrizada, y me acordé de las llamas de aquella noche tan espantosa. Nos trajo te, y abrió las cortinas elegantes.

–Miren la gran vista de la plaza. Puedo observar todo lo que pasa en mi reinado.

El Sr. Sebastiano Ortega se sentaba en un rincón meditando. Ávila nos contó:

Amarse los unos a los otros, a pesar de las diferencias

–Sebastiano ha logrado vaciar su mente de todo; él medita en la nada. Su esposa elegante Carmen le divorció para casarse con el Pantero.

Ávila caminó hacia la ventana. Un camión se paró por su casa vieja, que se había convertido en hotel. El chofer llevó para adentro unas cajas de cervezas, y Ávila me susurraba:

–Aquel es un asesino. Disimula, pero no me engaña. El registra mi casa vieja para matarme, porque en el periódico se publican mentiras contra mí. Ignoran que soy la Reina de Los Murciélagos y resido aquí en mi palacio imperial.

Le participé a Luz al próximo día:

–Es una maravilla. Voy a oficiar las bodas de Arturo y Sara, la viuda de Pérez.

– ¡Qué Maravilloso! Ella avisó a Arturo la primera vez que hablaron, que le iba a encontrar novia, y cumplió con su promesa.

Llegó Pacho para contarnos:

–Un montañero me acaba de contar que en su caserío alejado mora como animal bajo un puente un mendigo con un gancho que le sirve de mano.

www.ingramcontent.com/pod-product-compliance
Lightning Source LLC
Chambersburg PA
CBHW050536300426
44113CB00012B/2124